東海カフェ散歩

レイガス

カフェ巡りほど素敵な時間はない

　大学生の頃からお気に入りの喫茶店でお茶を飲み、ぼーっとしたり本を読んだりするのが好きでした。それから数年、同じお店にばかり行くのもどうなんだろうと思い始めた頃、たまたま入った喫茶店のコーヒーがすばらしく美味しかったことに感動。それがきっかけで新たな喫茶店やカフェを開拓する喜びを知りました。今から約十年前のことです。

　誰でもそうだと思いますが、初めての飲食店に入るのは勇気がいるもの。僕には場違いな雰囲気だったら…事前に店の様子が知れたら…。当時からインターネットで情報を探してはいましたが、その頃はまだ店内の様子までわかるサイトはほとんどありませんでした。だったら、自分でつくろうと始めたのが、現在も続くブログ「レイガスの名古屋カフェ喫茶店巡り」。情報を求める側の人間が、提供する側になってしまったのです。

掲載基準は、「総合的（居心地・雰囲気・サービス・メニュー・コスパ）に見て再訪したい」または「突出した個性が素晴らしい（特別ひどい点がないという条件付き）」といった観点で選んでいます。うれしいことに、今では多い時で一日1000人以上の方が見に来てくれるようになりました。すべて自腹取材なので、庶民感覚でコメントしている点（笑）や、拙い文章ながら本当にこのお店が好きだという思いが通じているのだと思います。

　ブログ運営は気楽なようで、実は骨が折れることも多いです。良さそうなお店の情報をキャッチし、足を運んでオーダーした飲み物や食べ物を記録として撮影するのですが、初めてのお店だと気が引けます。さらに店内をつぶさに撮影するには、お店の許可を得なければなりません。比較的お客さんの少ない時間帯を見計らうのですが、なかなかお客さんが引けずに言い出せないことも。そんな時は後日に撮影させてもらうお願いをして引き上げます。

　実はとてもモノグサな人間なのに、よくもこんなに面倒なことを続けていられるものだと、たまに自分でも感心します。続けてこられたのはブログ読者の皆さんが楽しみにしてくれているから。

　今回、ブログ読者の一人だった三重県の雑誌編集者から「カフェのセレクトブックをつくりませんか」と声をかけていただきました。ブログ開始時から、いつか一冊の本になったらいいなとぼんやり描いていた夢が叶えられました。

　いま、この本を手にしているあなたは、僕と同じようにカフェ巡りが好きなのでしょう。新しい店に行くまでのワクワク感。個性ある様々な空間を楽しみながら、美味しいものを食べ、コーヒーを味わい、心とからだをリフレッシュさせてくれる……こんなに素敵な時間はないと、僕はしみじみ思います。

　本書掲載の70軒は、10年間の記録の中から、自信をもっておすすめできるお店を僕自身がセレクトしました。あなたの心に響くカフェとの出会いがひとつでも多くありますように。

CONTENTS

名古屋のカフェ

01 Cafe de Lyon — 008
02 pas a pas — 010
03 cafe de SaRa — 012
04 nunc nusq — 014
05 cafeバビュー — 016
06 3+ — 018
07 Beans Heart — 020
08 十二ヵ月 — 022
09 Grand-Blue — 024
10 BERING PLANT — 026
11 Litir — 028
12 madam an — 030
13 薬草labo 棘 — 032
14 隠れ家ギャラリーえん — 034
15 See Saw gallery＋hibit — 036
16 キリン珈琲 — 038
17 aoiku␣cafe — 040
18 prest coffee — 042
19 CAFE SabuHiro — 044
20 ether — 046

21 musico — 048
22 Jota TAKAHASHI COFFEE — 050
23 波家 — 052
24 紅茶日和 — 054
25 Jazz茶房 青猫 — 056
26 ROSE CORPORUSE — 058
27 寄鷺館 — 060
28 蓮庵 — 062
29 遊眠堂CAFE＆建築工房 — 064
30 鞠奴パン食堂 — 066
31 小空カフェ — 072
32 あおくまカフェ — 074

愛知のカフェ

33 あうら — 076
34 konon — 078
35 Mecco Cafe — 080
36 TEAS Liyn-an — 082
37 united bamboo — 084
38 森の響 — 086
39 こんどう珈琲 — 088
40 和田珈琲店　季楽 — 090

41	kedi başkan	092
42	Voyage	094
43	THREE LITTLE BIRDS CAFE	096
44	紅茶の館　源	098
45	コジマトペ	100
46	hidamari	102
47	喫茶hiraya	104
48	喫茶スロース	106

岐阜のカフェ

49	Honky-Tonk	108
50	花蓮	110
51	コクウ珈琲	112
52	華なり	114

三重のカフェ

53	nest	120
54	CAFE SNUG	122
55	喫茶tayu-tau	124
56	cafeイシオノ	126
57	cafeナナクリ	128
58	cafe noka	130
59	cafe mjuk	132

60	cafe ひなぎく	134
61	MOND CAFE	136
62	cafeハナツムリ	138
63	trail coffee	140
64	quark＋grenier	142
65	カフェ simme	144
66	珈琲Jenico	146
67	shu cafe	148
68	カフェ・くろねこ	150
69	CAFEめがね書房	152
70	道瀬食堂	154

カフェ巡りほど素敵な時間はない	002
名古屋マップ	006
レイガス流写真講座	068
愛知・岐阜マップ	070
こんなカフェがいいな	116
三重マップ	118
50音さくいん	156
編集後記	160

※本書の情報は2016年12月発行時点で確認しています。
※掲載価格には税込・税別が混在しています。
※メニュー内容や価格は季節により異なる場合があります。

01　Cafe de Lyon
02　pas a pas
03　cafe de SaRa
04　nunc nusq
05　cafeバビュー
06　3+
07　Beans Heart
08　十二ヵ月
09　Grand-Blue
10　BERING PLANT

11　Litir
12　madam an
13　薬草labo 棘
14　隠れ家ギャラリーえん
15　See Saw gallery＋hibit
16　キリン珈琲
17　aoiku＿cafe
18　prest coffee
19　CAFE SabuHiro
20　ether

Nagoya

21　musico
22　Jota TAKAHASHI COFFEE
23　波家
24　紅茶日和
25　Jazz茶房 青猫
26　ROSE CORPORUSE
27　寄鷺館
28　蓮庵
29　遊眠堂CAFE＆建築工房
30　鞠奴パン食堂

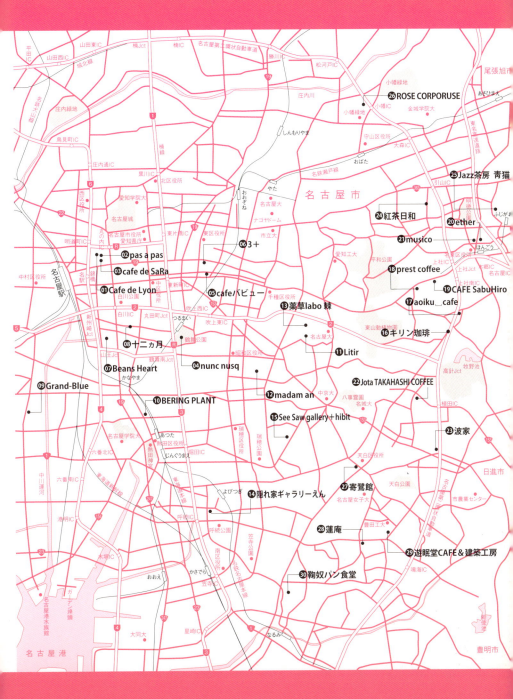

01 Cafe de Lyon カフェ ド リオン
西区

・・・・・・・・・・・・・・・・・・・・・・・
季節のパフェを全種類制覇したい
新作が出るたび出かけたい超人気店

僕がしょっちゅうパフェを食べにお邪魔している西区の「Cafe de Lyon」さん。ランチプレート（980円）やケーキの盛り合わせ（1180円）、アフタヌーンティーセット（1800円）などメニューが豊富ですべて美味しく、名古屋人が放っておくわけがない繁盛店です。

全部で6卓ほどの小さなお店ゆえ、平日も待ちのお客さんが並んでいます。週末は数時間待ち（！）もあるので、予約がおすすめです。

パフェは一日あたりの限定数が少なめ。いちごの酸味とソフトクリームのほのかな甘さ、生クリームの組合せがベストないちごづくしパフェ（1400円）。ラムレーズンのソフトクリームが甘くとろけるタルトタタンとラムレーズンのパフェ（1350円）。丸く繰り抜いて凍らせたメロン果肉やメロンを練りこんだソフトクリームが重なるメロンのパフェ（1400円）。季節によってぶどう、白桃、チェリー、梨とカラメル、栗…旬のメニューがあらわれるので、いつになったら全種類制覇できることやら。

ここ一軒で写真集が出せるほど料理を撮っています（笑）。デザートパレット（下段）は5種のスイーツが一度に楽しめてお得。

住所：愛知県名古屋市西区那古野1-23-8
電話：052-571-9571
営業時間：11:00〜19:00（土日祝9:00〜18:00）禁煙
ランチ 11:00〜売り切れ次第終了
モーニング土日祝のみ
定休日：水曜と第2・4火曜
アクセス：地下鉄桜通線「国際センター」2番出口から4分
駐車場：なし
http://www.cafedelyon.net　最新情報はFBで

02 pas à pas ぱざぱ

西区

ステンドグラスから差す光に癒される
薄い生地のガレットが名物のお店

窓辺の席に座り、ステンドグラス越しに外の小路を眺めているとすごく癒されます。店内に流れている曲のセレクトも良く、時間がゆっくり流れているような錯覚に陥ります。

紅茶はスリランカのムレスナ社製品。コーヒー豆はペギー珈琲さんのものを使用されています。

スイーツもおすすめですが、名物（？）はガレット。一般的には生地が厚めのタイプが多い中、こちらのは薄め。ぱざぱ風デザートガレット（ドリンク付き1000円～）には、リンゴのコンポート、卵不使用のアイスクリームに黒蜜、苺やオレンジなどフルーツが一杯で、こちらが主役のよう。でも、生地を重ねて食べるとふんわりした食感になり、負けていません。

ガレットランチ（950円）のガレットは二つ折りのため、食べる際に少々コツが要りますが、ホワイトソースと好相性。彩りのサラダもGOODです。

一見すると女性向けのお店ですが、意外と男性客も多いそうです。

そば粉でつくるガレットが苦手な方には、スイーツセット（880円）がおすすめ。

住所：愛知県名古屋市西区那古野1-23-4
電話：052-485-7558
営業時間：11:30～15:00（L.O14:15）　禁煙
土日祝 11:30～17:00（L.O16:15）
定休日：水～金曜
アクセス：地下鉄桜通線「国際センター」2番出口から4分
駐車場：なし

03 cafe de SaRa カフェ ド サラ
西区

西区でモーニングするならここ
ドリンクには甘いもの3種付き

一見すると古民家カフェのようですが、店内は洋風。寒い季節だと入口の辺りにストーブが置かれていて、僕はここか、一番奥の席が落ち着きます。

　コーヒーは安心して飲める、いい意味で万人受けするタイプ（400円〜）。マウンテンコーヒーさんの豆を使用されています。ドリンクを注文しただけで、スイーツ皿（プチスイーツ3種）がつくのがうれしい。

　モーニングがかなりボリュームあり。まずドリンクを4種類（炭焼ブレンド、アメリカン、紅茶、カフェオーレ）の中から、その後トーストを2種から選択します（ドリンク代のみの料金！）。

　黒ゴマトーストは、黒ゴマが練り込んであるパンと、黒糖が練り込んであるパンのハーフ2枚組。自家製ジャムとつぶし卵のマヨネーズあえが付いてきます。パンの厚みが結構すごい。たまごトーストは、黒糖のトーストにつぶし卵のマヨネーズあえがたっぷり。さらに自家製ヨーグルトも付きます。

　スイーツが充実してますので、綺麗な店主さんにおすすめを尋ねてください。

モーニング時に紅茶を選ぶと、一口サイズのチーズケーキが余分に付いてきます。どこまでサービスがいいんでしょう。

住所：愛知県名古屋市西区那古野1-30-16
電話：052-561-5557
営業時間：8:45〜16:30　禁煙
モーニング 11:00 まで（土曜 12:00 まで）
定休日：日・月曜　臨時休業あり
アクセス：地下鉄桜通線「国際センター」2番出口から4分
駐車場：4台

04 nunc nusq ヌンク ヌスク

昭和区

焼き菓子が充実している
鶴舞公園内の気さくなカフェ

僕はブログの中で度々「公園のそばにあるカフェはハズレがない」というレイガスの法則（笑）を語っていますが、こちらは公園のそばどころか、鶴舞公園の中にあります。

入った正面に焼き菓子のショーケースがあり、店内はかなり広々しています。でも休日のランチ時には、この席が全部埋まって待ちのお客さんが出るんですよ。雑誌類がかなり揃ってます。

メニューはコーヒー、ベイクド系のケーキ、キッシュからランチまで。ランチはキッシュ（1000円）、グラタン（1200円）、デザート（1600円）の3タイプがあります。

この日は一番豪華なデザートランチを注文。デザートランチのみドリンクが2杯注文できるので、お茶飲みの僕には嬉しい。食前と食後に分けて注文してみました。しめのデザートプレートは、季節のスイーツ5種盛りで圧巻です。

お客さんはカップル、親子連れ、おひとりさまと様々。店員さんが皆感じが良くて、流行るのは当然かもしれません。

焼き菓子がたくさんあります。いつも大人買いしたい（笑）と思いつつ、果たせてません。

住所：愛知県名古屋市昭和区鶴舞1-1-168 鶴舞公園内
電話：052-364-9292
営業時間：11:30〜18:00　禁煙　ランチ11:30〜14:00
定休日：木曜
アクセス：JR「鶴舞」公園口から3分
駐車場：なし
http://www.nuncnusq.jp/

ランチ（中央）は4種類で800円〜。+100円でごはん大盛りもできますが、普通盛りでおなかパンパンに。

05 cafe バビュー

東区

大人数でもおひとりさまでも
夜ごはんが充実している勝手の良いお店

　僕が好きになるカフェって、夜はやってないことが多くて、夜に行けるカフェはかなり貴重。そんなありがたいお店のひとつがこちらです。

　大人数で行って飲み食いする、一人でまったり過ごす、どちらにも使えるオールマイティなお店。最近は窓のそばのカウンター席にもたくさん本を置いていて（小説あり漫画あり）、より一人でも過ごしやすくなっています。

　単品メニューが多く、ピザや丼もの、炒めものなど多彩。何度か伺ってますが、ランチがお得です（800円～）。4種類から選べ、15時までやっているのもポイント高し！　ご飯をがっつり食べられるし、お酒を飲んで酔っ払いに変身するもOK（笑）、ただし迷惑かけない程度にね。

　ドリンクやスイーツでゆっくりするもよし。写真の小倉珈琲クリームプリンは、白いのに珈琲の味がする不思議なプリンです。お試しください。

住所：愛知県名古屋市東区葵 3-23-20
電話：052-508-5615
営業時間：11:30～23:00（L.O22:00）　喫煙可
ランチ 11:30～15:00
定休日：日・月曜（貸切などもあるので事前に公式blogなどを要確認）
アクセス：地下鉄東山線「千種」5番出口から1分
駐車場：なし
http://www.cafebabyu.com/

時期によって飲み物に付いてくるお菓子が異なります。コーヒーにそばぼうろとは心憎い。

06 　3＋ トロワプリュス

東区

ビルの3階で静かにお茶を
アンティークを楽しむ小さなカフェ

看板がなければ、通りを歩いていてもまず気づかないでしょう。ビル3階にある「3+」さんは、アンティークも楽しめる小さなカフェ。

入ってすぐの空間にアンティークが置かれ、奥がカフェになっています。店主さん自らヨーロッパへ赴き、蚤の市などを巡り歩いて仕入れる品々は、とてもセンスがいいです。

メニューはドリンク、トースト、チーズケーキなど喫茶店的。

コーヒーは、名古屋・コーヒーカジタの豆を使用（450円）。トーストの自家製ジャムは、その時によって種類が変わります（450円）。

この日は紅茶（500円）を飲んでゆっくりさせてもらいました。うーん、心の充電…。

ここはワイワイしたり、食事をガッツリというより、静かな雰囲気が一番のご馳走。友人が「人に教えたくない」というのも頷けます。

Nagoya

住所：愛知県名古屋市東区葵2-3-4 三光ビル3F
電話：052-937-3223
営業時間：12:00〜19:00（L.O18:30） 禁煙
定休日：火曜と第3水曜
アクセス：地下鉄桜通線「車道」4番出口から3分
駐車場：なし
http://www.junk-plus.com/

07 Beans Heart
中区

オーガニックやフェアトレードコーヒーも
木の温もりに満ちたロースターカフェ

Nagoya

大須から徒歩10分ほど、中区松原にあるロースターカフェ。建物が道路から少し引っ込んでいるので見つけにくいですが、そこが隠れ家的でよいのです。

ご夫婦二人で切り盛りされて、もう13年になるとか。建物は元材木倉庫をリフォームされていて、店内は北欧スタイルというのでしょうか。床も壁も天井も無垢板張りで、木の温もりに満ちています。

コーヒーはブレンド2種、産地別のストレートが6種ほど（450円〜）。世界有数の農園で作られたスペシャルティグレードの生豆を、直火式焙煎機で丁寧にローストし、一杯ごとに挽いて提供されています。フェアトレードやオーガニックのコーヒーもありました。ポットで出されるので、ちょっとお得な印象です（モーニングは別）。

サイドメニューはシフォンケーキ、トースト、サンドイッチなど。知る人ぞ知るという感じで、長く続いてほしいお店です。

モーニングはトーストが無料のタイプ（11:00まで）。好みの豆を見つけたら少量買って新鮮なうちに飲みましょう。

住所：愛知県名古屋市中区松原3-2-10
電話：052-321-3339
営業時間：8:30〜17:30　禁煙
定休日：金曜と土曜（臨休あり・公式HPで要確認）
アクセス：名鉄「山王」から10分
駐車場：4台
http://beansheart.jimdo.com/

08 十二ヵ月

中区

大須散歩の途中に寄りたい
器と雑貨と自家焙煎珈琲の店

大須の「十二ヵ月」さんは、看板に書いてある通り「器・雑貨・自家焙煎珈琲」の三本柱。何度も通っているのですが、実はいまだに器を買ったことがありません（汗）。いつも「これだっ！」と選びきれずにお店を後にしてしまうんですよね〜。いつか必ず…。

店内はカウンターのみ。本や雑誌も置いてあって、ゆっくりお茶をするのに最適です。

珈琲専科と見せかけて（僕が思っていただけ）ちゃんと食事もできます。グラタンセット（1000円〜）、ホットドッグセット（840円）、ビーフシチューセット（1000円〜）…メニューを頼むたび、器の取り合わせにも注目しています。やっぱり日本人だからか、和食器は落ち着きますね。

珍しいのは抹茶コーヒー（600円）。夏季限定の抹茶オレスペシャル（690円）もおすすめです。

無休なので、大須巡りの途中にふらりと寄りやすいのがいいですね。店内には器がたくさん並んでいます。

住所：愛知県名古屋市中区上前津1-3-2 村上ビル1F
電話：052-321-1717
営業時間：10:00〜20:00（日祝は19:00まで）
禁煙（一部の電子タバコは可）
定休日：なし
アクセス：地下鉄鶴舞線「上前津」7番出口から1分
駐車場：なし
http://www.jyunikagetsu.com/

09 Grand-Blue
中川区

気軽に入れて、ケーキとコーヒーが美味
喫茶店とカフェの "いいとこ取り"

気軽に入れてマッタリできて、美味しいケーキとコーヒーが味わえる。普通の喫茶店とカフェのいいとこ取りが、こちらのお店です。

外観は、白に鮮やかなブルーの色づかいがおしゃれ。店内も洒落た感じですが、カウンター席もあって気さくです。

コーヒーは、パンダコーヒーロースターズさんの豆を使われているそう、安心の味わいですね。ドリンクはおかわりすると、2杯目以降が200円引きになります。これはうれしい。

外はカリカリ、中はふわっふわのワッフルはアイスクリーム添えで780円〜。フルーツのパフェは550円とリーズナブルです。

びっくりするのはモーニングもやっていること。ケーキ主力のカフェって、モーニングはやってないことが多いんですけど、こちらは例外です。

皿盛りデザートがメインのランチや、釜炊き雑穀米のカレーランチなど、昼メニューが凝っているのにお値打ちです（1200円〜）。

ケーキにすごく力を入れているのに、モーニングからランチまであって使い勝手がいい。中川区ですが、熱田区寄りです。

住所：愛知県名古屋市中川区上脇町2-146
電話：052-361-5576
営業時間：8:30〜17:00頃　禁煙
モーニング 11:00 まで　ランチ 11:00〜14:00
定休日：日曜・祝日と土曜不定休（公式blogで要確認）
アクセス：あおなみ線「荒子」から12分
駐車場：6台
http://grandblue55.blog.fc2.com/

10 BERING PLANT ベーリングプラント

熱田区

2種類の豆を好みの飲み方で
バリスタが提案する"世界のコーヒー"

外から見た印象より、店内はゆったりしている「BERING PLANT」さん。中庭が都会のオアシス兼喫煙スペースになっています。

コーヒーに力を入れていて、「世界のおいしいコーヒー（800円）」は2種類の豆の飲み比べが可。普通に2杯頼むよりもお得だし、飲み方（エスプレソ、ミルクビバレッジ、アメリカーノ）も選べます。コーヒーの種類はバリスタさんが提案してくれるので詳しくない人でも大丈夫。こういう普通の人に優しいお店って、とてもいいなぁと思います。

モーニングはAセット・Bセットの2種類。好きなドリンク以外に、スコーン・トースト・季節のスープ・サラダからAセット（500円）は1品、Bセット（600円）は2品選ぶ形式です。トーストが外パリッ、中ふんわりで、焼き加減絶妙！

甘さ控えめで洋酒がきいたティラミス（500円）は大きくてうれしいのですが、食べきれない人はハーフサイズを。

パスタのランチにはフォカッチャ、カレーランチにはその日の付け合わせが添えられ、サラダかドリンクを選択（980円）。

住所：愛知県名古屋市熱田区中田町8-24
電話：052-212-6926
営業時間：火〜金 7:30〜18:00　禁煙
　　　　月 11:00〜18:00　土日祝 11:00〜20:00
モーニング 11:00まで　ランチ 11:00〜15:00
定休日：第3週までは土曜、それ以降は日曜
アクセス：地下鉄名城線「西高蔵」1番出口から5分
駐車場：4台
http://bering-plant.com/

11 Litir リチル

昭和区

・・・・・・・・・・・・・・・・・・・・

常に進化しつづける
住宅街の静かなブックカフェ

　名古屋大学近くの住宅街にひっそりと佇むブックカフェ。店主さんが常にいろいろな試みをなされ、ちょっと間をあけると店内がどこかしら改良されているのが面白いです。目が離せません。

　扱っているのは古書。行くたびに本の数が増えていて、ライトなものからディープなものまでジャンルの幅は広いです。本は買取もしています。お茶をしつつ、売り物の本を立ち読みならぬ座り読みすることもできます（汚さないように注意）。気に入ったらそのまま購入しましょう。

　カレーが 2 種類あり（各 900 円）、バターチキンカレーには、味のしみた鶏肉がたっぷり。自家調合のガラムマサラが香り、辛すぎずコクがあって美味。グリーンカレーはよりマイルドな印象です。ナポリタン、たらこスパゲティ、自家製マフィンもあります。

　常に進化しているので、公式 Twitter アカウントのフォローをお勧めします。

住所：愛知県名古屋市昭和区伊勝町 2-88
電話：052-700-7710
営業時間：12:00〜21:00（金土は 24:00 まで）
入店は閉店 30 分前まで　訪問前に HP 確認を
定休日：水・木曜　禁煙
アクセス：地下鉄名城線「名古屋大学」1 番出口から 11 分
駐車場：2 台
http://www.litir-books.com/
店内での無断撮影はご遠慮ください

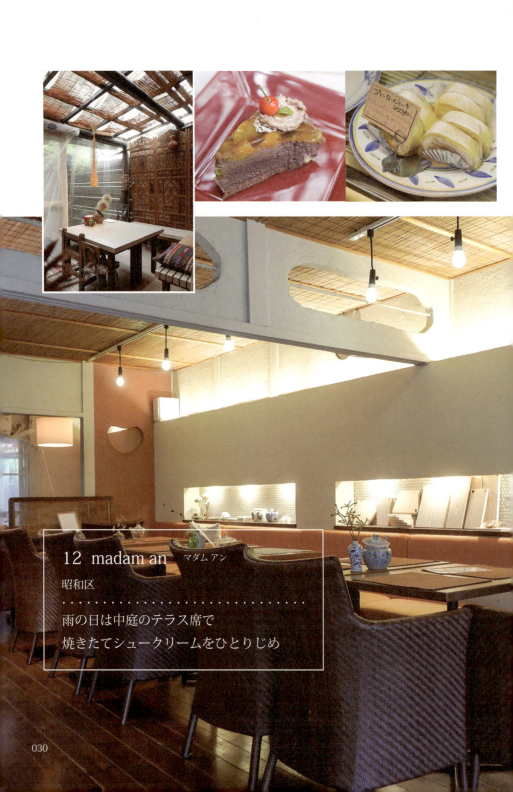

12 madam an　マダム アン

昭和区

雨の日は中庭のテラス席で
焼きたてシュークリームをひとりじめ

昭和区にある住宅街の一角。民家をカフェにしていて、玄関を入った正面にケーキのショーケースがあります。ここで注文してそのままテイクアウトもできます。

初めてお邪魔したときは、僕もテイクアウトして帰ろうと思っていたのですが、元気で愛想のいいオーナーさんに「シュークリームが今焼けたところですよ」と教えていただき、すぐに食べないと勿体ないと店内でいただきました。

ここのシュークリームはヤバいです！皮がパリッと固めで、その辺のシュークリームとは一味違います。焼きたてがあるときは絶対にその場でいただくのが大吉！とにかく美味しいです（100円）。

ケーキはどれも素朴な感じで、価格はお手頃。焼き菓子も何種類かあります。

店の奥にはテラス席と中庭が。雨の日は、テラス席でスロー系の雑誌を読みながら雨宿り気分を味わうのがレイガス流です。

住宅街の中は一方通行が厳しいので、気をつけてください。辿り着いたら、ゆったり空間が待っています。

住所：愛知県名古屋市昭和区長戸町4-2
電話：052-853-0369
営業時間：9:30〜17:30　分煙（テラス席喫煙可）
ランチ 11:00〜限定20食（平日のみ）
定休日：日・月曜
アクセス：地下鉄鶴舞線「川名」4番出口10分
駐車場：3台
http://madaman.exblog.jp/

白玉好きの人は「さつまいものしょうがを効かせたあんみつ(450円)」を。白玉はモチモチ、素材の甘さがほんのりです。

13 薬草 labo 棘 やくそうラボとげ

昭和区

庭摘みのハーブティと安心素材の食事
心とからだを整えるオーガニックカフェ

　ここは僕が心とからだを整えに訪れる場所。昭和区の「薬草 labo 棘」さんは、古い民家を素敵にリメイクしたオーガニックカフェです。

　庭にはハーブが植えられていて緑一杯、とても綺麗です。メニューは健康的なものが多く、庭摘みのハーブティ（450円～）やチコリコーヒー（400円）をはじめ、スイーツも卵、牛乳、バター、白砂糖不使用。甘さが極限まで抑えられています。最初はちょっと物足りないように感じますが、二度、三度と通ううちにこの甘さが普通となり、美味しい！と思うようになりました。

　ランチは、玄米と地元野菜のみを使用したとってもヘルシーなメニュー。どの料理も美味しくて、さっぱりと心身が洗われるような味です。曜日限定で夜ごはんも提供されています。

　オーナーさんは庭のハーブのように控えめで綺麗で感じのよい方で、アロマセラピストとしても活躍されています。

　最近食事が偏っているなぁという方は、ぜひ癒されに行ってください。

住所：愛知県名古屋市昭和区神村町 2-59
電話：052-880-7932
営業時間：月・火・金・土の 11:00 ～ 18:00
ランチ 11:30 ～ 14:00（L.O）　禁煙
定休日：水・木・日曜
アクセス：地下鉄名城線「名古屋大学」1番出口から10分
駐車場：3 台
http://www.yakusoulabo-toge.com/

週替わりメニュー。ごはんものにサラダ、汁物、デザートにはコーヒーゼリーまで！

14 隠れ家ギャラリー えん

南区

庭を眺めるお座敷でのんびりと
自家焙煎コーヒーとおやつを

築90年弱の日本家屋をギャラリーカフェにしている「えん」さんとは、ブログを初めてすぐぐらいにお邪魔して以来のお付き合い。ギャラリーと銘打つだけあって、店内にはいろいろ展示され、イベントも積極的に行われています。

ここのコーヒーは自家焙煎で、ブレンドは酸味が少なく濃さもちょうどいい感じ。帰りにコーヒー豆を買ったりしますが、ここの豆は安くて財布にやさしいので助かります（＾＾）。ちなみに、僕は豆が選べるお店ではグアテマラを頼むことが多いです。

週替わりメニューが720円とリーズナブル。定食、カレー、丼など、いろいろ食べましたが、どれも安いと思います。

個人的な感覚ですが、寒い日の夜などにえんさんの店内に入るとすごく暖かく感じます。古民家の雰囲気や照明、お店の人のとても感じのいいサービスがそう感じさせるのかもしれません。この先も変わらず、ホッとするお店であり続けてくれそうなのが何よりです。

住所：愛知県名古屋市南区呼続1-10-23
電話：052-822-7088
営業時間：10:00〜18:00　禁煙
定休日：月曜と第2・4日曜
アクセス：名鉄「呼続」から6分
駐車場：9台
http://www.kakurega-en.com/

15　See Saw gallery+hibit
シーソーギャラリー＋ヒビト

瑞穂区

庭と猫ちゃんを眺めているだけで癒される
閑静な住宅街のギャラリー＋カフェ

僕が、いい雰囲気のお店だと判断する基準に「ここに住みたいなぁ」と思う、というのがあります。「See Saw」さんはまさにそれ。僕は白さを感じさせるお店に元々弱いのですが、こちらのお店はただべったりと白いのではなく、程々加減のあたたかみを感じさせる白さ、美しさなのです。

入口のドアを開けて右側がお茶できる部屋。天井が高〜い。庭が眺められる大きなガラス窓があって、晴れた日にはテラスで猫ちゃんがひなたぼっこをしていたり…それを眺めているだけで時間が過ぎていってしまいます。

店主さんは控えめで上品なおばさま。感じのよい方で、会話させていただくだけで癒やされます。カウンター席の奥がギャラリーになっています。

メニューはシンプルですが、とてもリーズナブル。自家製ケーキセットが500円台です。瑞穂区の吉岡コーヒーさんの豆を使われています。

飼われている猫ちゃんワンちゃんがまた、行儀が良くて可愛いんですよ〜。癒されまくりです。

住所：愛知県名古屋市瑞穂区密柑山町2-29
電話：052-833-5831
営業時間：12:00〜17:00（金土 19:00まで）禁煙
定休日：日〜火曜
アクセス：地下鉄名城線「総合リハビリセンター」1番出口から3分
駐車場：1台
http://www.cafe-see-saw.com/

あちこちに大きな窓があって、光がいい感じに入ります。ケーキは自家製で2種類ほど、その日によって変わります。

16 キリン珈琲

名東区

キリン模様が目を引く
全方位スキなしの大きめ店

名東区にある「キリン珈琲」さんは、個人経営のカフェとしては大きめの店舗。メニューはコーヒー中心で、フードはトーストやサンドイッチ。ケーキは6種類ほど常備され、ランチも…と全方位スキなしのお店です。

　コーヒーは、CAZAN 珈琲店などを経営されているマウンテンコーヒーさんの豆を使われているそう。紅茶はポットでたっぷり出されるのがうれしい。

　モーニングは11時半までやっているので少し朝寝坊しても大丈夫（笑）。ある日の日替わりコーヒーは、ブラジルダテーラ農園の豆。半トースト、フルーツ、プチサラダが付きます。

　ボリュームたっぷり系のサンドは、挟んである具がこぼれがちですが、ここのは串が刺してあるおかげか、まとまっていて食べやすい。もちろん美味しいです。

　抹茶小豆ラテなど期間限定メニューもリリースされたりして飽きさせません。

　おしゃれでコーヒーの質が高く、かつ居やすい雰囲気が気に入っています。

ランチはコーヒー付きで970円〜。内容は公式 Facebook などでご確認を。

住所：愛知県名古屋市名東区山香町 428
電話：052-781-6616
営業時間：9:00〜19:00　禁煙
モーニング 11:30 まで　ランチ 11:30〜15:00
定休日：火曜＋毎月1日（土日祝の1日は営業）
アクセス：市バス「西山本通三丁目」から1分
駐車場：14台
http://kirincoffee.jimdo.com/

17 aoiku_cafe アオイクカフェ

名東区

半個室が落ち着ける
アルコールが豊富な "らしい" カフェ

カフェと喫茶店の違いは、アルコールがあるか無いかという説があります。その点、こちらは"らしい"カフェ。ワイン、ビール、ウイスキー、スピリッツ、リキュール、焼酎、梅酒まで。もちろん、コーヒー、ラテ、紅茶、中国茶、ハーブティー…アルコール以外の選択肢もたくさん用意されています。

さほど広くない空間の中に、きゅっと詰め込んだ感じの半個室（壁で仕切られているけど扉はない）があり、籠りたい人には居心地ばつぐん。テーブルや椅子、照明のセレクトも素敵です。水のグラスや水差しにも注目を。水差しってデザインによって水の味が違うような気がしませんか？

完熟トマトと茄子のラザニア（1100円）、自家製グリーンカレー（1200円）などフードも充実しています。ニョッキのゴルゴンゾーラ（1300円）は、チーズの香りと濃厚なホワイトソースのコンビ。バゲットに絡めると幸せな気分に浸れます。

住所：愛知県名古屋市名東区野間町53ハウシェル高針1F
電話：052-618-6970
営業時間：11:30〜22:00（L.O21:45）
ランチ 11:30〜15:00（予約不可・ランチタイム禁煙）
15:00〜18:00はドリンク・スイーツのみ
定休日：水曜と第1・3木曜
アクセス：市バス「名東消防署」から5分
駐車場：5台
http://www.aoikucafe.com/

15時からのカフェタイムはドリンク・スイーツのみの営業。お客さんが少なめで、のんびりできます。

18 presto coffee　プレストコーヒー

名東区

コーヒーメニューは全てエスプレッソ系
スタイリッシュで居心地もいいカフェ

ヨーロッパにありそうな"カッコイイ"カフェ。地下鉄一社駅の近く、歩道に面した側はガラス張りになっています。

僕は窓際の席が大好きなので、素早く確保（笑）。店内の椅子は金属製なのに座り心地がすごくいいです。

コーヒーメニューはすべてエスプレッソ系(550円〜)。名古屋では数少ないラ・マルゾッコのエスプレッソマシンを使い、カフェラテ、カフェモカ…魅惑的なドリンクを提供しています。中でも、ミルクジェラートのエスプレッソがけ（650円）は、かなり僕のツボです。

ミルクやジュース類もあるので、コーヒーがダメな人でも大丈夫。小腹がすいている時はサンド類も。

オーナーさんはこだわりと情熱をもっていると同時に、お客さんを大事にする姿勢のある方です。

スタイリッシュな空間なのに居心地がよく、夜遅くまでやっていて、一人でも入りやすい。貴重な存在で重宝します。

エスプレッソ、ミルク、グラニュー糖をシェイクして急冷させたラテ・シャケラート。好みにあわせてグラニュー糖なしも作ってもらえます。

住所：愛知県名古屋市名東区一社1-46-2
電話：052-977-5331
営業時間：13:00〜23:00（L.O22:15）　禁煙
日祝は18:30まで
定休日：火曜
アクセス：地下鉄東山線「一社」2番出口から5分
駐車場：4台
http://prestocoffee.jimdo.com/

19 CAFE SabuHiro

名東区

優雅な気分にさせてくれる
ネルドリップ珈琲とスイーツ専門店

名東区の一社辺りは、「ちょっと集中しすぎ！」っていうぐらいグッドなカフェが集まっています。

店長さんとマネージャーさんがご兄弟で、お二人の名前が店名の由来となっている「CAFE SabuHiro」さん。南国リゾートをイメージされた店内は、どこに座ってもくつろげます。

メニューはスイーツとコーヒーが中心。コーヒーはネルドリップで、好みで濃さが3段階選べます。デミタス（濃厚・80cc）、レギュラー（通常・150cc）、マイルド（薄め・200cc）。僕はレギュラーが一番好き。コーヒーを単品で注文するとビスコッティが付いてきます。

ケーキはパティシエさんが別室で作っていて、本格的な味わい。フェアリーレアチーズは、焼き菓子が羽のように付けられていました。キレイですよねー。

特筆すべきは店員さんのサービス。皆丁寧に説明してくれるし、気遣いもすごくて、ホテルでもてなしを受けているような優雅な気分にさせてくれます。コーヒー一杯が800円と値は張りますが、このサービスなら満足です。

コーヒーは濃さで選べる3種類。名古屋らしくモーニングも充実していて、小倉あんトーストや玉子もひと味違う「らしさ」が光ります。夏は、かき氷が絶大な人気。

住所：愛知県名古屋市名東区一社2-55 斉藤ビル1F
電話：052-704-0788
営業時間：公式HPなどでご確認下さい　禁煙
定休日：火曜
アクセス：地下鉄東山線「一社」2番出口から4分
駐車場：16台
http://www.cafe-sabuhiro.com/home

お昼は混むので、時間帯をずらして行くのがおすすめ。料理だけでなく、心地よい空間であることも人気の秘訣。

20 ether エーテル

名東区

味にうるさい友人が教えてくれた
キッシュとケーキが美味しい人気店

Nagoya

　味にちょっとうるさい友人の勧めで行くようになった「ether」さん。
　ここではお茶だけで済ませるのはもったいないので、いつも日替わりキッシュのプレート（750円）を食べてきます。キッシュの美味しさはもちろんですが、付け合わせの野菜がこれまたシャキッと新鮮。キッシュはテイクアウトもでき、たくさんの方が買っていかれます。
　女性ならショーケースの中に並ぶケーキや、可愛くラッピングされた焼き菓子にも注目せずにはいられないでしょう。僕もです（笑）。お好きなケーキと飲み物を選ぶケーキセット（880円〜）は、その日の気分でブレンドコーヒーにしたり、紅茶にしたり…。
　以前知り合いを誘ったら「エーテルはもう行き過ぎているので別のところに」と言われたことがあるんですが、そりゃこれだけレベル高けりゃ通うよねぇと納得。席の予約は11:30〜12:00に入店できる人のみ受け付けてくれます。

住所：愛知県名古屋市名東区本郷2-54-1
本郷ミユキビル1F
電話：052-777-3330
営業時間：11:30〜19:00　禁煙
定休日：火曜と第1・3月曜
アクセス：地下鉄東山線「本郷」2番出口から3分
駐車場：2台
http://ameblo.jp/ether-ether/

21 musico ムジコ
名東区

紅茶はポットで2杯分以上
名店仕込みのコーヒーとケーキを

初めてお邪魔した際、椅子やテーブルに見覚えがある気がして尋ねたら、藤が丘にあった名喫茶「木曜日」(現在閉店)のもので、オーナーさんはそこで働いていたことを教えてもらいました。なのでコーヒーの味はお墨付き。紅茶はポットでたっぷりとカップ2杯分以上あり、中身が濃くなってきた後半はミルクティーにという気配りにも優しさを感じます。

飲み物とケーキがメインのような雰囲気ですが、カレーやサンドなどもあり、それがまた美味しい。ビーフカレーセット(1390円〜)は、スープカレータイプで弱めの中辛ぐらい? 僕にはちょうどよいのです。ピクルス付きのサラダは彩りもいいですね。

季節によって変わるケーキと飲み物のセット(770円〜)や、ハーブティーも5種類ほどあります(600円)。

お店の雰囲気に合った落ち着いたお客さんが多く、ゆったりと本を読んだりするのに最適です。

人参サンドイッチセット(1010円〜)。やわらかな食パンとハムに、人参が適度な歯ごたえでアクセントとなり美味。

住所:愛知県名古屋市名東区上社2-59
電話:052-774-0266
営業時間:9:00〜20:00　禁煙
定休日:木曜
アクセス:地下鉄東山線「本郷」1番出口から3分
駐車場:3台
http://www.musicoffee.net/

22 Jota TAKAHASHI COFFEE
イオタ タカハシコーヒー
天白区

徒歩、自転車で行くとイイコトあり
幻の車の名を冠したカフェ

ランボルギーニの「イオタ」という車をご存知でしょうか？ 一台だけしか生産されなかった幻の車なんですが、その名を冠したカフェが天白区にあります。

高級感のある店構えでちょっと構えてしまうかもしれませんが、散歩の途中にフラッと立ち寄るのに適しています。ブレンドコーヒーが400円〜、産地別コーヒーも450〜500円。ね、そんなに敷居が高くないでしょう？

最初の扉を抜けて左側にあるスペースは喫煙席。ここはペットの同伴もOK、もちろん飲食もできます。

店内は広めです。入口正面にカウンター席、奥にソファ席があります。

僕はモーニングかランチタイムによくお邪魔していますが、サンドイッチやハンバーガー、ビーフシチューもあったりして助かります。

びっくりするのが、徒歩か自転車で行くと2杯目のブレンドコーヒーが無料になる点（ただし条件あり）！ もちろん僕は毎回フルに利用させてもらっています、健康にもいいですし（笑）。

住所：愛知県名古屋市天白区元植田1-904
電話：052-838-8108
営業時間：8:00〜21:00頃　分煙
モーニング10:30まで　ランチ11:00〜14:00
定休日：水曜
アクセス：地下鉄鶴舞線「植田」1番出口から16分
駐車場：3台
https://www.facebook.com/pages/Jota-Takahashi-Coffee/250450241714918

モーニングは半トーストにサラダ付き。プラス100円でベーコンエッグが追加できます。カレーは骨付き鶏肉なのに、とろっとろ。

ジンジャーエール(550円)、豆腐アイスクリーム(350円)共に自家製。豆腐の味がしっかりしています。

23 波家 -NAMIYA-COFFEE&BURGER SAND

天白区

こだわりのバーガーサンドを
スペシャリティーコーヒーと共に

　自家焙煎コーヒーと自家製酵母パンのお店です。店内は味のあるカウンター席とテーブル席が3卓。入口側の窓がすごく大きいので開放感があり、ひとりでも入りやすい雰囲気です。

　ランチは、食べごたえのあるバーガースタイル。日替わりでバンズ(イングリッシュマフィンかベーグル)と中の具が変わり、デリとスープが付いて850円。サンドは2つにすることも可能です(1150円)。ランチには自家焙煎コーヒーをはじめ、ドリンクを割引価格で付けることができます。

　平日は自家製酵母ドーナツ、土日は自家製レーズン酵母パンを販売。スペシャリティーコーヒーはテイクアウトも豆売りもしています。

　おやつと一緒に買って帰れば、しばらく「波家」の余韻に浸れます。

住所：愛知県名古屋市天白区原1-1709
電話：052-838-6737
営業時間：9:00〜18:00　禁煙
ランチ 11:00〜14:00
定休日：木曜
アクセス：地下鉄鶴舞線「原」2番出口から3分
駐車場：1台
http://www.web-namiya.com

24 紅茶日和

名東区

ときにはアフタヌーンティーで優雅に
気配りが行き届いている紅茶専門店

コーヒー専門店はたくさんありますが、紅茶専門店は数が少なくて貴重ですよね。名東区香流の「紅茶日和」さんは、男性オーナーのこまやかな気配りが感じられるお店。紅茶専門店って僕には敷居が高いイメージがありますが、ここはテーブル席がボックス風だったり、カウンター席もくつろげて、初めての方でも緊張しないような造りになっています。

メニューは種類豊富な紅茶が中心ですが、ランチもあります（15食限定）。ある日のランチティーセット（950円）は、ケークサレ2種類、野菜、ミニスープ。ランチの紅茶はストレート（ヌワラエリア）、ミルクティー（アッサム）、アールグレイなどから選択できます。

紅茶はポットに茶葉が入った状態で提供されますが、差し湯も出してくれます。最初に言えば茶葉を抜いての提供もしてくれます。

サンドイッチ、スコーン、ケーキと三拍子揃ったアフタヌーンティーセット（1800円）はけっこうお腹が満たされますよ。

住所：愛知県名古屋市名東区山の手3-909
電話：052-777-6636
営業時間：11:00〜19:00（L.O18:00）　禁煙
ランチ 11:30〜13:30（15食限定）
定休日：金曜と第4土曜
アクセス：市バス「猪子石団地」から2分
駐車場：2台
http://kouchabiyori.seesaa.net/

ケーキセットやスイーツプレートセット、ちょっと変わった紅茶系ドリンクもあります。スコーンや紅茶は販売も。

25 JAZZ 茶房 青猫

名東区

持込み CD のリクエストも OK
地下室のような空間でジャズに浸る

地下鉄藤が丘駅から徒歩4分、いったん地上に浮上させた身を再び地下に潜らせる「JAZZ 茶房 青猫」さん。コンクリート打ち放しのクールな空間は、どこを撮っても絵になりますが、一人でもふらっと入れる親しみやすさも持ち合わせています。

僕は詳しくありませんが、ちらっと見えるオーディオ類からは、かなり高価そうなオーラを感じます。店内にある CD はもちろん、持ち込み CD でもリクエストすればかけてくれます（ただし JAZZ 限定）。

この手のお店には珍しく、コーヒー以外に紅茶、中国茶、日本茶、スイーツもあり、アルコール類や、がっつり食欲を満たすフードまで。やわらかステーキ丼（1000 円）、生ハムとパルミジャーノのパスタ（900 円）…メニュー名を聞くだけでそそられるでしょう？ もちろん味もお墨付きです。

慌ただしい現実からしばしトリップさせてくれる、ちょっと不思議な大人の空間です。

暗めの店内ですが各席にスポットライトが当たっているので、実は読書がはかどります。

住所：愛知県名古屋市名東区藤が丘 49 B1
電話：052-776-5624
営業時間：13:00〜24:00（日曜 19:00 まで）
貸切等もあるため、事前に要確認　分煙
定休日：木曜
アクセス：地下鉄東山線「藤が丘」1 番出口から 4 分
駐車場：なし

26 ROSE CORPORUSE ローズコーポラス

守山区

火曜と金曜だけ夜間営業も
小さいお子様連れに優しいカフェ

青い扉に迎えられる守山区のカフェ。広めの店内は2つのエリアに分かれていて、入口近くのキッズスペースと通常スペースとは窓付きの壁で仕切られています。

お子様連れへの配慮がとても行き届いていて、授乳やおむつ替え用の部屋がちゃんと用意されています。

ランチは大体4種類（約1000円〜）、日によって内容が多少変わります。火曜と金曜だけ夜間営業もされていて、おまかせ料理が食べられます。かなりおすすめですよ。

できるだけヘルシーな食材（無農薬や極力放射性物質が含まれないもの）を選んでいるとのことで、メニューを見ていると自家製○○という料理名が多く、手間暇かけられていることが伝わります。

スイーツもあり、「おからたっぷり！なのに滑らかチーズケーキ」が一番人気。

見た目も味もきれいなハーブサイダー。ハーブなども自家製のものが多く、ランチで出されたピクルスも自家製でした。

住所：愛知県名古屋市守山区城土町286-2
電話：052-792-3616
営業時間：9:00〜18:00（L.O17:00） 禁煙
火・金曜のみ 22:00まで（18:00〜18:30 中休み）
モーニング 10:30まで　ランチ 11:30〜14:30
定休日：水曜と第3木曜
アクセス：名鉄「小幡」北側出口から18分
駐車場：5台
http://www.rosecopo.com

27 寄鷺館 きりょうかん

天白区

アレンジコーヒーの種類が多い
昭和50年創業の自家焙煎珈琲店

外観からして歴史を感じさせます。創業はなんと昭和50(1975)年！ 以来、直火式の4 kg 釜で毎日コーヒー豆を自家焙煎されています。

出入口が2ヶ所あり、最初にカウンター席が目に入ります。店内も古き良き時代の趣。僕が気に入っているのは、階段を上がったところの部屋というかスペース（左ページ）。ここに来た時はこちらかカウンター席に座ります。

専門店なので当然コーヒーの種類が揃っています（400円〜650円）。僕の好きなグアテマラはもちろん、キリマンジャロ、スマトラ、ブラジル…。

アレンジコーヒーも、カプチーノ、ウィンナーコーヒー、アイリッシュ、エッグノッグ…と豊富。軽食とケーキもあり、もちろん豆も販売しています。

店内には常時クラシックがかけられ、ゆっくりした時間が流れています。

喫茶店競争が激しい名古屋で40年以上続いてきたひけつは、オーナーさんが「何倍飲んでも胃もたれしないコーヒー」をめざしてきたからかもしれません。

コーヒーの味と香りを大切にするため、注文の都度、豆を挽き、ネルフィルターで一杯ずつ抽出してくれます。

住所：愛知県名古屋市天白区島田1-906
電話：052-803-5252
営業時間：9:00〜20:00　喫煙可
モーニング11:00まで
定休日：月曜と第3火曜
アクセス：地下鉄鶴舞線「植田」から20分
駐車場：約10台
http://www.sky.sannet.ne.jp/kiryokan/

28 蓮庵 はすあん
緑区

多種多様なアジアのお茶に
体にやさしい手作りデザートを添えて

緑区にあるアジアのお茶と手作りデザートのお店。台湾系の紅茶、緑茶から中国茶まで幅広く、気軽にお茶が楽しめます。一部を紹介すると、包種茶、凍頂烏龍茶、東方美人、日月潭紅玉紅茶、プーアール茶、茉莉花茶… etc。お茶は何煎かいただけるよう、お湯が入ったポットと共に出されます（590円〜）。

お茶には、お茶うけがついてきます。僕はゆずのピールがお気に入り。お茶、お茶うけ、茶器は販売もされています。

夏は、氷出し煎茶や、アイスジャスミン茶でクールダウン。

デザートは国産の小麦粉や砂糖など、体にやさしい素材で手作りされています。その時々で変わるシフォンケーキ（350円）。蓮のあんこが入った白玉はプニプニ（630円）。冬期限定の杏仁のおしるこは、通常は牛乳が使われていますが、豆乳に替えることもできます。

小腹が空いたら、海老蒸し餃子やチャーシューまん、桃まんといった点心類を。僕は夜に行ってまったりすることが多いです。

ガラス製の茶器は、茶葉がゆっくり開いていくシーンも味わいのうちです。

住所：愛知県名古屋市緑区相川 3-19
電話：052-877-8485
営業時間：12:00〜L.O17:00、18:30〜L.O20:15　禁煙
定休日：水曜と第1・3・5 木曜
アクセス：地下鉄桜通線「相生山」2 番出口から 3 分
駐車場：2 台
http://www.7b.biglobe.ne.jp/~hasuan/index.html

29 遊眠堂 CAFE & 建築工房

緑区

週なか4日だけ開く
住宅専門の建築家が営む小さなカフェ

Nagoya

　緑区の豊田工業大学近くのビルの中にあります。住宅建築家のお二人で営まれる小さなカフェ＆建築工房です。

　なので当然、インテリアのセンスはGOOD。木が多用されたレトロモダン（と言うのかな？）な空間は、タイルを貼ったキッチンやオープンカウンターの高さ、食器棚、照明、家具…どこを見ても、これから家を建てたい人にとってはすごく参考になりそう。

　ベーグル好きの僕は、自家製ベーグルのランチ（ベーグルサンド＋日替わりスープ＋小鉢＋サラダ＋コーヒーで1210円）を注文。もちもちで美味しいベーグルは単品（170円〜）でも頼めます。ごはん好きな人には、おにぎりセット（1030円）も。

　コーヒー（390円）はハンドドリップで一杯ずつ丁寧に淹れてくれます。ハーブティや紅茶（ダージリン、アールグレイ、ニルギリ）、チャイもあるのでのんびりまったり過ごせます。

カフェは2007年、建築工房設立と同時に始めたそうで、僕のブログ開設期とほぼ重なり、長いお付き合いです。

住所：愛知県名古屋市緑区久方3-14
電話：052-800-9025
営業時間：11:30〜18:00　禁煙
ランチ 11:30〜14:30
定休日：月・火・日曜
駐車場：3台
アクセス：地下鉄桜通線「相生山」1番出口から8分
http://www.yu-mindo.com/

30 鞠奴パン食堂 まりやっこパンしょくどう

緑区

車では行けない細道の奥に
週3日だけ開く天然酵母パン食堂

名古屋市内にこんな場所が…と驚くようなロケーションです。行くなら車か自転車、バスがオススメ。駐車場から細い道を登っていきます。車は入れません。

週に3日しか営業していないのですが、とてもノンビリと至福の時を過ごせます。

パンはすべて天然酵母。僕はこれまで酸っぱくて苦手と思い込んでたんですが、ここのは美味しくて、そんなの関係ねぇ（古）って感じです。パンはテイクアウトもできます（180円～）。

カレーランチ（970円）は、タイとインドがミックスされたようなアジアンテイスト。パン、サラダ、つけもの、ごはんのセットです。パンは軽くトーストしてありました。味はマイルドですが、言えば辛さを調節してくれます。

小腹がすいた時にはホットサンド（この日はひじきとチーズ）や、自家製小麦のピッツアもあります。自分の畑で収穫した小麦ってすごくないですか！

ポットにたっぷりのチャイ、無農薬のみかんやりんご、人参ミックスジュース…。店内には渋い本が置かれています。

住所：愛知県名古屋市緑区鳴海町鉾ノ木31-2
電話：052-896-3399
営業時間：木・金・土曜の11:30～17:00　禁煙
定休日：日～水曜、第2土曜
＊訪問前に公式Facebookや公式blogで要確認
アクセス：地下鉄桜通線「野並」4番出口から18分
駐車場：6台
http://ameblo.jp/mariyakkoh/

店内は大きめのテーブルが1つと、小さなテーブルが2つ。天気がいい日は外のウッドデッキも良さげです。

レイガス流写真講座

愛機 PEN「E-P1」と LUMIX「LX-100」

　僕がブログで最も気をつけているのが写真のクオリティー。使用カメラは？どうしたらうまく撮れますか？…よく聞かれるので、ここで初公開しちゃいます。
　現在、使っているのはオリンパスのペンと、パナソニックのルミックス。高性能一眼レフとコンパクトカメラの中間機種で、軽量小型なのが利点です。両方とも手ブレ補正機能が搭載されているので、室内が暗めのお店でも三脚なしで撮れるのが助かります。
　もしものトラブルに備えて、出かけるときは常に2台持ち。ストロボは発光させず、明るい窓際の席で自然光を拾って飲み物や食べ物を写します。
　基本は絞り優先オート。パフェやケーキなどピントを浅くしたいときは開放で。セットやプレートの中身を伝えたり、店内や外観を撮るときはできるだけ絞り込みます。最も使用頻度が高いのは標準レンズ。なるべく目で見たままを表現するよう心がけています。家に帰ったら PC に取り込み、画像編集ソフトで濃度や色味を微調整。照明などの色かぶりを抑えます。
　近頃はブログを書かない人でも、外食するとスマホやコンデジでパシャパシャやりますが、撮る前に周囲に迷惑にならないか考えてからシャッターを押すようにしましょう。できれば店員さんに「撮っていいですか」と了解を得て。
　SNS が普及した現代こそ、他者への礼節をおろそかにしてはいけないと思います。素敵なカフェの雰囲気を壊さないようにしましょうね。

31 小空カフェ
32 あおくまカフェ
33 あうら
34 konon
35 Mecco Cafe
36 TEAS Liyn-an
37 unitedbamboo
38 森の響
39 こんどう珈琲
40 和田珈琲店　季楽
41 kedi başkan

Aichi & Gifu

42 Voyage
43 THREE LITTLE BIRDS CAFE
44 紅茶の館　源
45 コジマトペ
46 hidamari
47 喫茶hiraya
48 喫茶スロース
49 Honky-Tonk
50 花蓮
51 コクウ珈琲
52 華なり

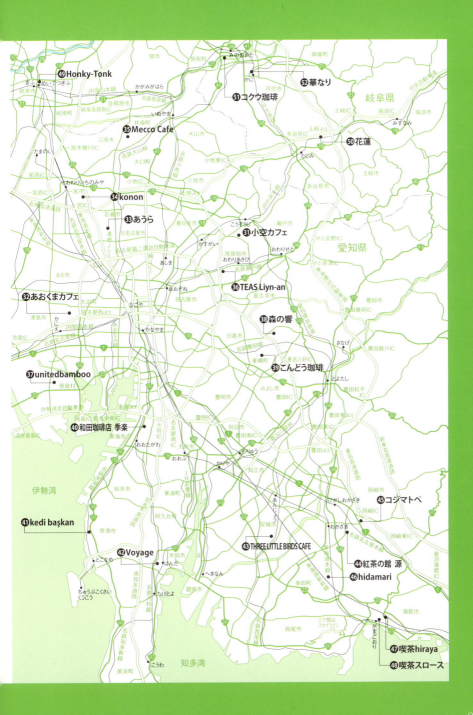

31 小空カフェ
名古屋市守山区

池畔のテラス席で
鯉や亀を眺めつつティータイム

Nagoya

　守山区にある森林公園の北西、池の畔にあるカフェです。
　店内は落ち着ける喫茶店の雰囲気でこれもいいのですが、僕はテラス席がオススメ。鯉や亀など、池にいる生き物たちの様子を眺めながらのんびりお茶できて、お店で飼われているワンコとも触れ合え、とっても楽しいのです。しかもテラス席はペット同伴可なので、動物好きには特によろこばれると思います。

　11時までは3種類のモーニングがあります（コーヒー380円～）。
①トースト set（トースト半分、ゆで卵サラダ）　②わっぱん set（無添加のパン、サラダ、ヨーグルト）　③ホットドック set（ホットドック、ヨーグルト）
　わっぱんはお持ち帰りもできます。
　日替わりお昼ごはん（850円）には時間制限がなくて助かります。
　自然たっぷりなロケーションと、動物たちの瞳に癒されます。

森林公園の近くなので、ワンちゃん連れの方はテラスでお茶してから周辺を散歩させている光景を見かけます。

住所：愛知県名古屋市守山区上志段味東谷2083-18
電話：052-736-9212
営業時間：7:00～19:00　喫煙可
モーニング 11:00まで　ランチ 11:30～売切れまで
定休日：火曜+不定休
アクセス：東名「春日井」ICから14分
駐車場：16台程度
https://www.facebook.com/cosoracafe

32 あおくまカフェ

名古屋市中川区

可愛らしい店内で
湯気もごちそうなハンバーグランチを

Nagoya

あま市に近い中川区の住宅街、公園のそばに隠れ家のように建っています。ご夫婦で切り盛りされていて、可愛らしい店内は奥様の趣味かと思いきや、なんとご主人のチョイス！「女性が喜ぶお店にしたかった」とのことで、最初はビックリしましたが、実は僕もむちゃくちゃツボでした。

まずは、モーニング（左ページ・500円）でこのお店の実力をご覧あれ。

ランチは5種類（980円〜）。ある日のメニューは海老とシシトウのカレーライス、コクがあってウマ〜。一番人気は、ビーフシチューの包み焼きハンバーグ（1200円）。ホイルに包まれた状態で登場し、開封した瞬間、ほわっと立ちのぼる湯気とデミグラスソースの香りが幸せな気分にさせてくれます。

スイーツも抜かりなし。僕が初注文客となったマンゴーとパインの夏パフェ（880円）は、ビジュアルといい、味といい、素晴らしいったら…。

交通至便地ではありませんが、つい何度も通ってしまいます。

場所が住宅街の中ですし、パッと見も普通の家のよう。注意深く探してあててくださいね。

住所：愛知県名古屋市中川区新家3-3303
電話：052-462-1162
営業時間：8:00〜17:00（L.O16:30）　禁煙
モーニング11:00まで　ランチ11:30〜14:00
定休日：水曜と第2・4火曜　臨時休業あり
アクセス：市バス「新家三丁目」から6分
駐車場：5台

33 あうら

愛知県北名古屋市

国島征二のアート作品を眺めながら
異空間でコーヒーを味わう

北名古屋市役所の近くにある「あうら」さんは、知る人ぞ知るカフェ。緑の木々に埋もれるシンプルモダンな空間に、国島征二氏のドローイングや彫刻などがさりげなく飾られています。

入口を抜けると目の前がカウンター席になっていて、奥のほうにテーブル席が。これも作品のひとつで、石でできたテーブルの表面は顔が映るぐらいピカピカ！

メニューは
・コーヒー（常時10種類ほど）
・梅エキス入りジンジャーエール（辛口）
・醗酵カシスジュース
・黒酢入り蜂蜜生姜
・クレームブリュレアイスクリーム
のみ。

驚くことに食べ物の持ち込みがOKで、お寿司の出前もお願いできるとか（笑）。コーヒー豆は販売もしています（200g1300円〜）。

緑が青々と茂る春夏は山荘にいるような気分に浸れます。庭は名古屋の造園家・糟谷護氏が手掛けたもので、「敷地全体を森にする」がテーマと聞いて納得しました。

ひとつひとつの器にもこだわりを感じます。コーヒーは注文する時にオーナーさんがこちらの好みを色々聞いてくれました。

住所：愛知県北名古屋市西之保清水田34
電話：0568-24-4100
営業時間：8:00〜18:00　禁煙
定休日：木曜と第3金・土曜
アクセス：名鉄「西春」西側出口から8分
駐車場：5台
http://www.coffee-aura.net/

34 konon

愛知県一宮市

木の家具や雑貨に囲まれながら
木工房の二階でゆったりと喫茶時間

一宮の繊維団地の公園前、木の家具・インテリア・雑貨のお店「木工房すえひろ」の2階の一角にあります。小さな喫茶コーナーですが、とても落ち着きます。公園を見下ろせる窓際が、やはり特等席になるでしょうか。

メニューはドリンク単品か（510円）、おやつセット（ドリンク＋日替わりの甘いもの・750円）の2種。お子様用のおやつセットもあります。

ブレンドコーヒーとチーズケーキを注文。コーヒーはカジタさんのものを使用されているそう。奇をてらった味ではなく確実に美味しいです。コーヒーについてきた砂糖は、コーヒーに入れても、そのまま食べても良しです。別の日は、ほうじ茶ミルクとくずもちにしました。

ドリンクはカモミールティーやリンゴジュースもあり、時期によって多少変わります。スイーツは日替わりで3種ほど。トレイやスプーンなどは、すえひろさんの製品が使われています。

メニューはどれも美味しいし、店員さんは感じがいいし、ぼーっと過ごすのに最適。"どこでもドア"が欲しいです。

いつも「おやつセット」を注文するのですが、花のあしらいや器のセレクトが素敵だなあと感心します。

住所：愛知県一宮市せんい3-9-7
電話：0586-76-9898
営業時間：11:00〜18:00　禁煙
定休日：水曜と第3木曜
アクセス：名神高速「一宮」ICから7分
駐車場：3台
http://www.orihime.ne.jp/~suehiro/konon_0.html

35 Mecco Cafe
メッコ カフェ
愛知県江南市

土曜日には20食限定のマクロビランチも
フード類充実の中国茶カフェ

カジュアルに中国茶を楽しめるお店ですが、ランチメニューやドリンク、スイーツも充実しています。

タコライスぱりぱり春巻き皮乗せ、Mecco特製キーマカレーなど、ランチはどれも丁寧に作られています（1200円〜）。土曜日のみ20食限定のマクロビオティックランチも（1500円）。セットのドリンクは、コーヒー、ゆずネード、ゆずスカッシュ、りんごジュース、ピンクグレープフルーツジュース、そして「今日の中国茶」からチョイス。この日は芒果（マンゴー）紅茶で、ホットかアイスか選べます。

もちろん単品での中国茶も充実しています。青茶（東方美人など）、紅茶（ライチ紅茶など）、黒茶（プーアール茶）、花茶・工芸茶…かなり種類がありますよ。

ガラスの急須に茶葉が入っている状態で出てきて、一煎目は急須にお店の人がお湯を入れてくれます。茶葉が開いてきたら一旦全部ピッチャーに移して、そこからガラスのカップに注いでいただきます。二煎目、三煎目は自分で。

気に入った茶葉は購入もできます。

店内もメニューもスッキリした明るいカフェといった感じで普通に入りやすいです。

住所：愛知県江南市高屋町旭21
電話：0587-56-6835
営業時間：11:30〜18:00（土日19:00まで）
ランチ 11:30〜14:30　禁煙
定休日：水曜
アクセス：名鉄「江南」から20分
駐車場：21台（共用）
http://www.mecco-cafe.com/

36 TEAS Liyn-an ティーズリンアン

愛知県尾張旭市

シフォンケーキは手ちぎりで食べて
クラシック音楽が流れる紅茶専門店

コーヒーもハーブティーも置かない、ストイックな紅茶専門店。名古屋からちょっとだけ飛び出た尾張旭市にあります。

店内にはクラシック音楽が流れ、落ち着いた雰囲気。一人で来るお客さんも多く、男性客もよく見かけます。紅茶に詳しくなくても、メニューにミルクティーがお勧め、ストレートがお勧めとわかりやすい印がついています。

紅茶はすべてポットで提供され、注文した茶葉の産地と農園名を明記したカードを付けてくれます。親切！　紅茶はどれもたっぷり入っていて美味（650円～）。

キッシュロレーヌは土台部分がサクサクで、しょっぱい系のおともがほしいときにおすすめ（単品750円）。大きくてふわっふわのシフォンケーキ（650円）は、お店の方から「手でちぎって食べるといい」と教わりました。フォークで切るとシフォンがつぶれてしまうとか。

本格アフタヌーンティーは2名様（3200円・紅茶は別料金）から受け付け。僕はまだ未体験です(；ω；)…。

紅茶はポットから茶葉を抜いてあるタイプで、テーブルへ届いたらすぐに飲めます。気に入った茶葉は購入も可。

住所：愛知県尾張旭市庄中町1-7-2
電話：0561-53-8403
営業時間：11:57～19:03（L.O18:30）禁煙
定休日：月・火曜
アクセス：名鉄「印場」南側出口から9分
駐車場：12台
http://liyn-an.com/

37 united bamboo ユナイテッドバンブー
愛知県飛島村

日本一裕福な村にある
花屋と雑貨屋が一緒になった古民家カフェ

名古屋市に隣接する飛島村は、北部には農村風景が広がり、南部は臨海工業地帯となっている"日本一裕福な村"。この村に花屋と雑貨屋が一緒になった古民家カフェがあります。

照明が暗めで、畳敷きの和カフェはとってもいい雰囲気です。BGM にはアジア系の曲がかかっていて（バリ風？）、ゆるーい空気感に時間を忘れそう。

雰囲気だけでなく、フードやドリンクもレベルが高いんですよ。ある日のランチは、タイカレー。野菜がふんだんに使われており、ドリンクとミニデザート、サラダが付いて 980 円とかなりお得です。

冷やし白玉ぜんざいをいただいたこともありますが、白玉団子がプニプニでとっても美味しい。季節のフルーツと白玉、小豆、2 種のアイスから成るバンブーパフェもあります。コーヒーは一杯ずつ豆を挽き、ていねいに淹れてくれます。

名古屋市内からは少し離れていますが、23 号線は流れが速いので距離の割にはすぐに着きます。

「和とアジア」をコンセプトとした花屋に、後から古民家カフェが足されたそう。白玉スイーツは必ず食してください（笑）。

住所：愛知県海部郡飛島村渚 1-19
電話：0567-56-6300
営業時間：10:00〜19:30（L.O19:00）　禁煙
ランチ 10:00〜14:00
定休日：木曜
アクセス：東名阪「蟹江」IC から 15 分
駐車場：8 台
http://unitedbamboo.net/arrange/

38 森の響 もりのおと

愛知県日進市

茅葺き門、深い森のような庭、野鳥の囀り
すべてに癒されるギャラリーカフェ

僕が初めて訪問したときにはなかったのですが、現在は立派な茅葺きの門が目印となっています。

日進市の閑静な住宅街にある「森の響」さんは、自家焙煎コーヒーが飲める緑の中のカフェ&ギャラリー。

重厚な雰囲気の店内には、カウンター席とテーブル席があり、どちらからも緑したたる庭の景色が楽しめます。午前中の光が一番きれいだそうで、緑に癒されに行くなら夏がおすすめ。でも、薪ストーブに火が入る冬も捨てがたい。

ここのコーヒーはすっきりした味で、酸味が得意でない僕好み。なごやブレンド（540円）など、おかわりは半額になるものもあり、ついつい長居してしまいます。ウィンナーコーヒー（648円）は、温かいのになんとグラスに入っています。砂糖はあえて底にとどめてあるようなので、甘いのが好きな方はよくかき混ぜてからお飲みください。

オリジナルレシピの新作スイーツ「松の実のトルテ（324円）」は、お土産としても人気とか。お値打ちな平日限定メニューは要チェックです。

住所：愛知県日進市米野木町南山973-13
電話：0561-73-8763
営業時間：10:00～18:00　禁煙
定休日：火曜と第3水曜
アクセス：東名「三好」ICから10分
駐車場：36台
http://morinooto.jimdo.com/

39 こんどう珈琲

愛知県東郷町

庭のグリーンを眺めながら
自家焙煎のスペシャリティーコーヒーを

　国道153号線から北に入った住宅街にあります。外見は大手資本によるチェーン店のようですが、中は品の良い個人店が大きくなったような雰囲気で落ち着けます。店内は、カウンター席、芝生の庭が見える窓際のテーブル席、奥まった小部屋にある席、レンガのパーティションに囲まれた席など色々なタイプが。雑誌も男性向けと女性向け、新聞も数紙揃っています。

　コーヒーはスペシャリティーの豆を自家焙煎し、ハンドピックしています。ブレンドは4種類あり、僕は酸味が控えめでコクとほのかな甘さがある「とうごうブレンド（450円）」が気に入りました。ストレートコーヒーもあり、どちらも2杯目から250円になるのがうれしい。

　モーニングのサービスは朝7時から。ドリンク代のみだとミニトースト2枚または本日のトースト付き。200円プラスでシーザーサラダ＆ミニトースト（上）か、スクランブルエッグ・ベーコン・サラダ＆ミニトースト（中）にパワーアップでき、朝から豊かな気分になれます。ランチは3種類あり。

一杯出しアイスコーヒー（500円）とスイーツの盛り合わせ（600円）。コーヒーに合うものばかりで大満足です。

住所：愛知県愛知郡東郷町大字諸輪字中木戸西87-1
電話：0561-38-5770
営業時間：7:00〜19:00　禁煙
モーニング11:00まで　ランチ11:00〜15:00
定休日：水曜
アクセス：東名「三好」ICから10分
駐車場：22台
http://www.kondocoffee.jp/

ベリーベリーホットケーキセット(780円)。紅茶にしたら砂時計付きで出てきました。

40 和田珈琲店　季楽

愛知県東海市

モーニングは 14 時まで OK
親しみやすいコーヒー豆屋の直営店

　駐車場が広く営業時間も長いファミレス型喫茶店はいろんな意味で便利ですが、僕としてはメニューにもう少しオリジナリティを望みたい。その点、「季楽」さんは老若男女に入りやすく、かつコーヒー豆専門卸のワダコーヒー株式会社（名古屋市本社）直営なのでばっちり。

　コーヒーはブレンドの種類が豊富（430円～）、もちろん産地別のストレートもあり。それらをおおまかに「マイルド」「ソフト」「苦味・コク」と3種類に分けているのが親切です。

　名古屋圏らしくモーニングがあるのですが、それがなんと14時まで注文可。ドリンク代に＋100～250円で豪華になるシステムで、ビーンズサラダ、ピザトースト、デニッシュ、サンドイッチなど全部で9種類も！！

　ランチはドリンク代＋500円で。14時を過ぎてもセットメニューが頼めるし、ふわふわのホットケーキセットもある。いつ訪れても楽しめる、まさに「きらく」な良いお店です。

住所：愛知県東海市富貴ノ台2-120
電話：052-601-5557
営業時間：8:00～17:00（L.O16:00）　禁煙
モーニング14:00まで　ランチ11:00～14:00
定休日：水曜
アクセス：名鉄「新日鉄前」から12分
駐車場：22台
http://www.cafe-kiraku.com/

41 kedi başkan ケディバシュカン

愛知県常滑市

店名はトルコ語で「猫社長」
コーヒーを使ったカクテルも

自家焙煎コーヒーを出しているから豆屋さんでもあるし、店内に本が沢山あるからブックカフェでもあるし、不思議な雑貨や服もいっぱい…。何系のカフェとは一言で表し難い「kedi başkan」さん。

もとは和食屋か民家だったとおぼしき建物にウッドデッキが増設された外観。奥に長い店内はソファのカウンター席とテーブル席があり、窓からちょうどいい感じに光が射し込みます。

コーヒーに一番力を入れられており、アレンジコーヒーも含めて種類が豊富。ブレンド3種の名前「ギャロ」「ヴィンセント」「レイモンド」（各470円）は、オーナーさんの飼い猫の名前らしく、この辺りがトルコ語で「猫社長」という店名に繋がるのでしょう（ちなみに店内に猫はいません）。

ホットサンドなどフードメニューもあるのでお腹がすいた状態で行っても大丈夫。ハンバーグプレート（950円）はご飯かベーグルか選べます。

スイーツ、アルコールもあり、平日は夜遅くまで営業、土日はモーニングまで。まさに至れり尽くせりです。

紅茶（500円）、ティラミス（450円）、ロージュース（630円）。ウオッカコーヒー、バナナアイスラムコーヒーなど、アルコールもコーヒー推しです。

住所：愛知県常滑市青海町1-31
電話：0569-89-9578
営業時間：11:30～23:00　ランチ 11:30～14:00　禁煙
土日 8:00～18:00（モーニング 11:00まで）
定休日：火曜と第1・3・5月曜
アクセス：名鉄「西ノ口」東側出口から7分
駐車場：9台
http://kedibaskan.com/

42 Voyage ボヤージュ
愛知県半田市

自家焙煎コーヒーの芳醇な香り
隠れ家の雰囲気漂う半田の人気店

名鉄成岩駅のすぐ近くにあります。既に有名すぎてご存じの方も多いかと思います。

このお店の素晴らしさは、僕がごちゃごちゃ語るより訪れてもらうのが一番。雰囲気からよく勘違いされるらしいんですが、ランチなどのフードメニューはなく、自家焙煎のコーヒーが主体です。

オリジナルブレンドが3種、ストレートは中米・アフリカ・アジア・南米など各国7種程度（450円～）。紅茶やジュース、ケーキ、モーニングもあるのでご心配なく。

あたたかみのある土壁の棚には、コーヒー関連の器具や雑貨が置かれ、焙煎したてのコーヒー豆と共に販売されています。家庭で美味しく淹れられるコーヒー教室も開催されています。

人気店ですが、ランチがないためか昼時は結構空いている感じ。窓際のとても感じの良い席にはいつも先客がいて、僕はいまだに座れたことがありません。

モーニングは、飲み物にトースト・サラダ・ヨーグルトがつきます。コーヒーを頼むと、小さな焼き菓子が付くのがいい。

住所：愛知県半田市栄町 4-79
電話：0569-58-0041
営業時間：9:00～18:00（日曜 8:00～18:00）禁煙
モーニング平日 12:00 まで、土日は 11:00 まで
定休日：木曜（臨休など FB で確認を）
アクセス：名鉄「成岩」から2分
駐車場：6台
http://www.voyage.vc/

43 THREE LITTLE BIRDS CAFE
愛知県安城市

カレーが美味しい名店が
桜井駅近くに移転パワーアップ

カレーが美味しくて、居心地も最高だった安城市の「WAYA」さんが場所を移転し、店名も新たにオープンしたのが「THREE LITTLE BIRDS CAFE」。名鉄桜井駅の近く、左右対称に並ぶ2階建ての棟の左側です。

1階は天井が吹き抜けになっていて開放感があります。2階も広くて、個室感のあるソファ席からおひとりさまに便利な壁カウンター席まで、フレキシブルに使えます。

メニューは色々あって迷いますが、やっぱりカレーを注文(ランチタイム1100円・サラダとスープ、今日のお茶付き)。久々に食しましたが、あまり辛くなく相変わらず抜群に美味い! カレーは夜も注文できます。

旬の食材やこだわり調味料を使った今月のランチは、サラダ、スープ、今日のお茶が付き、ヘルシーです(1380円)。

西尾産抹茶ミルク、TLBブレンド、ベイクドドーナツ…。行くたびにどれを頼もうかと頭を悩ませます。

住所:愛知県安城市桜井町新田101
電話:0566-99-7899
営業時間:ランチ 11:00~15:00 (L.O14:00)
ディナー 18:00~22:00 (L.O21:00) 禁煙
定休日:火曜と第1水曜
アクセス:名鉄「桜井」から3分
駐車場:28台
http://www.tlbcafe.jp/

2階建ての白い建物が左右対称に並んでおり、左側がカフェになっています。お間違えのないように。

44 紅茶の館　源 げん

愛知県岡崎市

セイロン、ダージリン、ネパール etc
1975年創業の紅茶専門店

紅茶が美味しい店といえば、だれもが名を挙げる「源」さん。岡崎で1975年から営業されています。最初は普通の喫茶店だったそうですが、紅茶を究めようと店主さんが東京や大阪で飲み歩いて勉強したそうです。

セイロン、ダージリン、ネパール…分厚いメニュー表を開くと、種類豊富で、選ぶのに苦労するほど。もちろん紅茶はどれも絶品で、時期によりファーストフラッシュ、セカンドフラッシュが選べたり、特別な茶葉が限定であったり（セイロンブレンド420円〜）。

ポットがすごく大きめ。カップで数杯楽しめます。ティーコジーのおかげで冷める心配もなし。ミルクがたっぷり付いてくるので、最初はストレートで、2杯目はミルクをちょい足し、最後の濃いめのはオレにしても◎。

ケーキはすべて自家製（300円〜）。毎週木曜だけ200円になり、見逃せません。カレーやスパゲティなどの定番フードもおすすめ。

モーニングはドリンク代のみで、サンドイッチ、ゆでたまご、フルーツが付き、かなりお得。

住所：愛知県岡崎市美合町入込95-1
電話：0564-53-3108
営業時間：8:00〜20:00　禁煙
モーニング11:00まで　ランチ11:30〜14:00
定休日：月曜
アクセス：名鉄「美合」から18分
駐車場：12台
http://tea-gen.com/

45 コジマトペ

愛知県岡崎市

サイフォンコーヒーに自家製パン
昭和の香り漂う魅惑の空間

一見するとすっきりしているのに実は細かい所に強い個性があり、いまどきのカフェのような、古くからの喫茶店のような…不思議な魅力のあるお店です。

　まず建物の構造がちょっと変わっています。入ってすぐのスペースが他の部分より少し低くなっていて、階段を上がるとカウンターとテーブル席のある空間に。さらに奥に部屋があって、そちらは喫煙可能になっています（青い壁）。

　コーヒーはサイフォン式（450円〜）。店主さんがテーブルへもってきて注いでくれます。豆は京都のサーカスコーヒーさん。ブレンド、ストロング、アメリカン、カフェインレス、おすすめ、限定など。ブレンドはすっきりした僕好みの味。

　モーニングも凝っています。ドリンク価格のみで自家製トーストとゆで卵付き。プラス200円で、ヨーグルトと鶏ハム、にんじんサラダが加わります。これは（・∀・）イイ‼

　ランチはオムライスやキーマカレー、平日限定メニューも（1100円〜）。ランチタイムを過ぎてもトーストやサンド類があるのでご安心を。

オムライスランチは卵の焼き加減が絶妙でした。プリンに赤いチェリーが添えられるとテンションが上がるのは昭和生まれだから？

住所：愛知県岡崎市大平町瓦屋前54-18
電話：0564-24-5200
営業時間：8:30〜18:00（L.O17:00）分煙
モーニング11:00まで　ランチ11:00〜14:30
定休日：火曜と月1回月曜
アクセス：東名「岡崎」ICから5分
駐車場：約20台（共同）
http://www.kojimatope.com/

46 hidamari

愛知県幸田町

なんとなく秘密にしておきたい
住宅街の中の小さなカフェ

JR幸田駅から徒歩5分ほどの住宅街にある「hidamari」さん。住まいの1階がカフェになっています。

席数は2人席が2卓、4人席が2卓。どの席に座っても部屋の四隅のどこかには当たるので落ち着きます。

注文が決まったら、テーブルの上の小さなベルでお店の人を呼びましょう。

この日は、すいとんのランチ（飲み物付き1100円〜）を注文しました。ごはんかパンか選択でき、プラス50円で焼きおにぎりにも。焼きおにぎりはそのまま食べても、すいとんに投入するもよし、とっても香ばしくて美味しいです。

ランチタイム以外でも自家製ベーグルサンド（飲み物・サラダ付き1100円〜）などがあるので助かります。

和のおやつセット（860円〜）を注文すると、飲み物はコーヒー or アメリカン or 紅茶 or ほうじ茶ポット、スイーツは白玉あんみつ or クリームあんみつ or ぜんざいから選択できます。

置いてある本や雑誌がまったり系で、行くとつい長居してしまうお店です。

ベーグルサンドやごはん類、甘味まで美味しいものがいろいろあります。小学生未満のお子様連れは要予約です。

住所：愛知県額田郡幸田町菱池字池端88
電話：0564-62-2840
営業時間：10:30〜18:00（L.O17:00）
ランチ11:00〜14:00　禁煙
定休日：金曜＋月に2日不定休
アクセス：JR「幸田」西出口から5分
駐車場：6台
http://hidamari78.blog122.fc2.com/

47 喫茶 hiraya

愛知県蒲郡市

古い平屋をセンスよくリノベーション
自家焙煎の極上コーヒーを

　蒲郡駅から歩いて10数分。蒲郡中学校前にある古い平屋を改装して、自家焙煎のコーヒーショップにしているのが「喫茶hiraya」さん。

　外観からしてカフェ好きならピン！ときます。何も知らずにお店の前を通ったとしても、間違いなくワクワクしながら入ってしまいそう。

　自家焙煎なのでメニューはもちろんコーヒー中心(500円〜)。ドリップコーヒーは産地別のもの、ブレンドと数種類。エスプレッソ系のメニューもあり、ラテアートも見事な出来栄えです。

　何気なく頼んだ蜂蜜のトーストにも切れ込みがちゃんと入っていて、仕事してあるなぁとひそかに感心。トーストって軽く考えられているような気がしますが、最近はお店によって味に差があるなぁと思います。モーニングがあるのもうれしいところです。

　食べ物のメニューはないのですが、同じ敷地内に美味しいカレー屋さんがあり、ここと行ったり来たりするだけで素敵な休日が過ごせます。

住所：愛知県蒲郡市新井町14-33
電話：非公開
営業時間：9:00〜18:00　禁煙
モーニング11:00まで
定休日：水・木曜
アクセス：JR「蒲郡」北出口から15分
駐車場：約7台（共用）
http://garagecoffeecompany.jp/

48 喫茶スロース

愛知県蒲郡市

本とレコードいっぱいのカウンター席で
夜遅くに自家焙煎コーヒーを楽しむ

三河の特に東の方へはなかなか行く機会がないんですが、蒲郡には時々えいやっ！と思い切って行っちゃいます。行き先は、ここ「喫茶スロース」さん。

JR蒲郡駅のすぐ近くにあり、カウンター8席のみの小さな喫茶店ですが、自家焙煎コーヒーと本格エスプレッソ、アルコールまで楽しめるんです。

写真を見てもらえば分かると思いますが、ブックカフェかと思うほど店内のあちこちに本が置いてあります。どのジャンルが多いか一言で言えないのですが、なぜか僕好みの本がたくさん。真空管アンプ＆レコードの音楽がゆったりと流れています。

カプチーノ（600円）を注文すると、店主さんがいろんなラテアートで出してくれます（^^）。よく現れるのは、店名でありお店のキャラクターにもなっている「ナマケモノ」。つい写真を撮ってしまいます。

夜遅くにここでコーヒーを飲みながら気になった本を読むのは最高に味わい深い時間です。

フードは唯一、KINOさんのベーグルが。その時々で種類は変わりますが、どれを食べてもウマイ！

住所：愛知県蒲郡市神明町9-14 市川ビル1F
電話：080-3621-4497
営業時間：15:00〜22:00（土日は14:00から）　禁煙
定休日：月・火・水曜
アクセス：JR「蒲郡」北出口から2分
駐車場：なし
http://slothcoffee.jp/

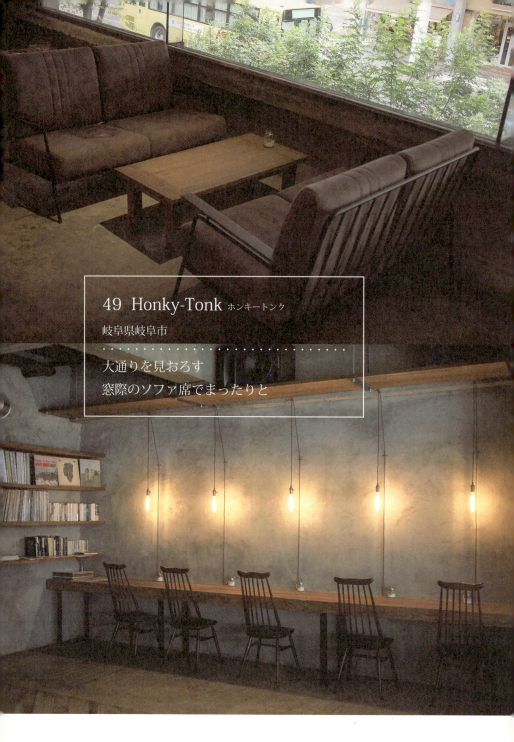

49 Honky-Tonk ホンキートンク
岐阜県岐阜市

大通りを見おろす
窓際のソファ席でまったりと

名鉄岐阜駅から徒歩8分ほど、大通りに面したビルの2階にあります。名東区の青猫さんを彷彿させる、とても雰囲気のある店内です。空間に余裕があり落ち着いているので、ひとりカフェもしやすそう、というか、そういうコンセプトのお店だと思います。

　明るさは抑え気味。照明の電球がいわゆるエジソンランプ。音楽はレコードと、力入ってます。

　大通りを見下ろす大きな窓のそばのソファ席は開放感があってとても居心地がいい。一方、壁に向かったカウンター席は、読書するのに向いている感じ。雑誌類は店主さん厳選の号だけを置いているとのこと。

　メニューはコーヒー・紅茶、ビールやシードル、トーストやチーズケーキなど。この日はクロックムッシュ ゴルゴンゾーラ、ブラッドオレンジジュースをいただきました。夕食を済ませてからふらりと行って夜のひとときを過ごすのにもとてもいい。もし僕の地元にあったら常連不可避のお店です。

コーヒーは6種類（500円〜）。紅茶はダージリンやアールグレイ、マルコポーロなど5種類です（550円〜）。

住所：岐阜県岐阜市神田町6-2　富田屋総本家ビル2F
電話：058-266-5515
営業時間：13:00〜23:00（L.O22:30）禁煙
定休日：木曜
アクセス：名鉄「岐阜」から8分
駐車場：なし
http://honky-tonk-blues.com/

50 花蓮 ほわれん
岐阜県多治見市

カフェであり、秘密基地でもあり
懐かしさを感じられる大切な場所

夏の最高気温で有名な岐阜県多治見市は、僕にとっては特別な場所。名古屋から山の中の一本道をひたすら進んでいくと急に開けた場所に街が現れる、という感じがとても気に入っています。

そんな多治見の街外れに、10年以上前からある不思議な素敵空間が「花蓮」さん。初めて来た方はまず小さな廃工場か倉庫のように見える外観に驚くことでしょう。1階はギャラリーになっています。コーン、カーンと音をさせながら階段を上がっていくと2階がカフェになっていて、晴れた日には土岐川を泳ぐ鳥たちを眺めることができます。

とても静かな空間でいただけるのは、中国茶やハーブがブレンドされた紅茶など（500円〜）。コーヒーはありません。小さな中華まんじゅうや杏仁豆腐などのスイーツ（300円〜）があります。

僕にとってここはカフェであり、秘密基地でもあり、何か懐かしさを感じられる大切な場所です。ずっとこのままここにあって欲しいと思っています。

外の景色を眺めながらゆったりとしたティータイムを。

住所：岐阜県多治見市東栄町3-74-1
電話：0572-23-4003
営業時間：金土日の 11:00〜21:00（L.O 20:00）　禁煙
定休日：月〜木曜　臨時休業もあるのでHPで確認を
アクセス：中央道「多治見」ICから10分
駐車場：4台+α
http://lotusflower.dee.cc/

51 コクウ珈琲

岐阜県美濃加茂市

宿場町の郵便局を改装した
夜が似合う自家焙煎コーヒー店

僕の中ではカフェって女性のものというイメージが強くて、男一人だと入りづらいこともしばしば。でも、このお店は男一人でも入りやすいし、くつろげるし、夜8時まで営業してるのもいい。"夜が似合う度"が高いのです。

宿場町の面影を残す街道沿いの元郵便局を改装されたそうで、喫茶スペースはわずか10席。低めのテーブルや椅子がとてもくつろげます。僕が最初に伺ったときは男性3人組がずーっと談笑していました。椅子やテーブルは隣の家具屋さんのものを使っているとか。

メニューは自家焙煎のコーヒー中心（450円〜）で、あとはトースト（320円〜）やクッキーなどの焼き菓子（250円〜）が少し。コーヒーは苦すぎず酸味のない、スッキリしたクリアな味わい。夏はコーヒーフロートでクールダウンもおすすめです。

豆やコーヒー器具の販売もされていて、予約制でコーヒー教室も開催。コーヒー道を究めたい人はぜひ。

コーヒーに付いてくるお菓子のセンスで、店主さんの人柄が何となく分かりますよね。

住所：岐阜県美濃加茂市太田本町1-7-1
電話：0574-49-9840
営業時間：10:00〜20:00　喫煙可
定休日：木曜
アクセス：JR・長良川鉄道「美濃太田」南出口から10分
駐車場：3台
http://cocu-coffee.com/

モーニングもランチセットもあり、コーヒー・紅茶の単品にチーズケーキが付くんですよ。行かなきゃ！

52 華なり はんなり
岐阜県可児市

神戸から取り寄せる炭焼焙煎珈琲を
広々スペースでゆっくりと

以前名古屋市内で和風カフェを営まれていたオーナーさんが、岐阜県可児市にオープンしたカフェ。

ここのコーヒーは神戸から取り寄せる炭焼焙煎。安心して飲める美味しさです。コーヒーにはチーズケーキとチョコがついてくるんですが、このチーズケーキがホント美味しいんです。歯ごたえというか弾力がよくて。

カップは棚に飾ってあるものの中から好きなものを選択できます。それもお楽しみの一つ。

モーニングセットもありまして、コーヒーか紅茶の好きな方を選択（550円～）。そのまま食べてよし、小倉をつけて食べてもよしのベーグルにサラダが付きます。サラダのドレッシングが、カレーとピザを足して2で割ったような感じの味でかなりグッド。

写真ではカウンターのみに見えますが、実は奥に個室のテーブル席があり、ゆっくりできるそちらもお勧めです。

住所：岐阜県可児市下恵土 5338
電話：0574-62-7101
営業時間：9:00～20:00（L.O19:00)
モーニング 11:00 まで（限定 20 食）
ランチ 11:30～（限定 10 食）　17:00 まで禁煙
定休日：木曜
アクセス：JR「可児」西側出口から 3 分
駐車場：8 台
http://hannari1212.com/

こんなカフェがいいな

　長くカフェ巡りをしていると、僕が理想としているカフェ像が見えてきます。
　喧噪から逃れられる都会のオアシスも捨てがたいけど、休日にほっこりするなら、郊外の里山にたたずむ一軒家。車で1時間くらいドライブして、ゆっくりと非日常へアプローチしたいです。
　針葉樹の深い森じゃなくて、ナラや白樺などの広葉樹に囲まれた、そう信州あたりで見かける小さな美術館か図書館のような片流れ屋根の平屋がいい。扉を開けて店内に入ると、オフホワイトを基調とした壁には絵が少しだけ飾られ、スローテンポの音楽が静かに流れています。本棚にはセンスのいい写真集や雑誌…。
　訪ねる時間帯は、午後2時から3時頃。窓から差しこむ木漏れ日が日頃の疲れを癒してくれ、ついウトウト…。
　コーヒー、ケーキが美味しいのはもちろん、パスタやカレーといった定番のカフェメニューがランチタイムにしばられずオーダーできると助かります。出される器はあまり主張しない、主役を引き立てるシンプルなものがGOOD。
　仕事帰りにも寄りたいので、できれば夜は10時くらいまで開いててほしい。照明を落とした壁際のカウンター席で、紅茶の香りを楽しみつつ活字に親しむブックカフェに。
　いつかこんなお店をつくれたらいいなあ。

53 nest
54 CAFE SNUG
55 喫茶tayu-tau
56 cafeイシオノ
57 cafeナナクリ
58 cafe noka
59 cafe mjuk
60 cafe ひなぎく
61 MOND CAFE

Mie

62 cafeハナツムリ
63 trail coffee
64 quark＋grenier
65 カフェ simme
66 珈琲Jenico
67 shu cafe
68 カフェ・くろねこ
69 CAFEめがね書房
70 道瀬食堂

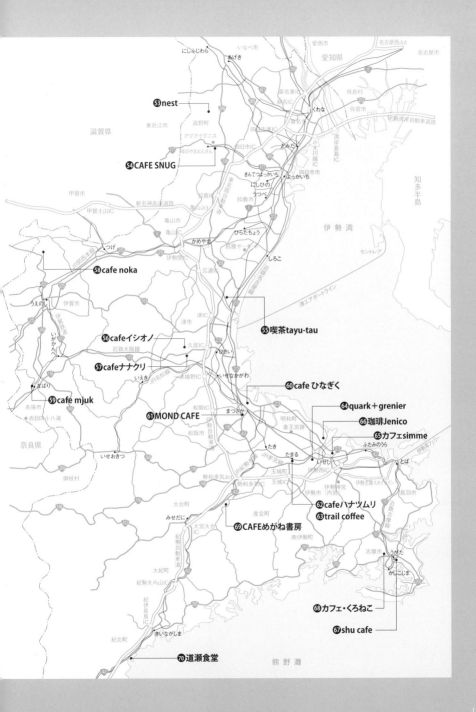

53 nest ネスト
菰野町

静かで人が少なく街から遠すぎない
僕が理想とする "森の中のカフェ"

僕が特に好きなタイプに「森の中のカフェ」があります。メルヘンチックというかファンタジーな感じというか、そんなカフェを将来ひらけたらなぁと思っているぐらいです。

三重県の北勢部、四日市市の西隣・菰野町にある「nest」さんは、僕が思い描いているイメージ通りのお店。

靴を脱いで中に入ると、正面に大きなテーブル席、左側に2人掛けのテーブル席4卓、奥に座敷があります。

けっこう朝早くから営業されていて、しっかりした朝食という感じのモーニングがあります（ドリンク付き900円）。ランチもあり、基本的にパン系のメニューが中心です。パンは自家製で、店頭で少し販売もされています。良質の塩やハチミツ、ハーブ、お店で使っているお皿やカップなども販売されています。

お店自体もちろん素晴らしいですが、僕は周りの静かな環境が最高に気に入っています。是非行ってほしいお店です。

コーヒーはブレンドが2種類、ストレートが2種類あります。水出しアイスコーヒーはとてもスッキリして美味。午後2時以降のパンケーキもおすすめです。

住所：三重県三重郡菰野町杉谷2323-1
電話：059-396-1525
営業時間：8:30〜17:00（L.O16:30） 禁煙
モーニング10:00まで　ランチ11:00〜14:00
定休日：火曜と第1・3・5水曜
アクセス：東名阪道「四日市」ICから25分
駐車場：7台
http://cafenest.jimdo.com/

54 CAFE SNUG　カフェスナッグ
菰野町

のどかな湯の山温泉郷近くで
自家製天然酵母パンのモーニングを

名古屋圏に近く、自然が多く残されているのに、生活に必要なショッピングセンターや商店が揃っている菰野町。「CAFE SNUG」さんは、湯の山温泉から1kmちょっと東にあります。

　オープンは2003年（こちらへ移転したのは2008年）。扉を開けるとすぐテーブルやカウンターが並ぶカフェルームですが、奥に増築したような個室があり、どの席もとても過ごしやすいです。

　そんな素敵空間で楽しめるのは、自家製天然酵母パンをはじめとした手作りメニュー。モーニングはドリンクがセットになった朝ごはんという感じで、「おはよう」「まんぞく」「イングリッシュブレックファースト」の3種類があります（450円・800円・1350円）。

　ランチの定番は、しみじみごはん（1200円）。味噌汁とプレートのおかず、ドリンクがセットになっています。他に月替わりのシーズンパンランチ、自家製ルウと粗挽き肉のドライカレー、小学生以下用のお子様ランチもあります。

モーニング・ランチタイム以外でもフードメニューが頼めるのが嬉しいところ。まんぞくモーニングは、ほんとうに満足でした。

住所：三重県三重郡菰野町菰野4727-1
電話：059-393-2285
営業時間：9:00〜18:00（金土22:00まで）禁煙
モーニング 11:15まで　ランチ 11:30〜14:00
定休日：水・木曜
アクセス：近鉄「大羽根園」から7分
駐車場：8台+α
http://cafesnug.petit.cc/

55 喫茶 tayu-tau たゆたう

津市

築80年以上の建物をこつこつ改装
寺内町になじむ古くて新しいカフェ

　津市のお寺の敷地内にあった「喫茶tayu-tau」さんが最近、JR一身田駅前へ移転されました。朝夕は学生が行き交う、真宗高田派本山専修寺の近く。レトロな洋風の建物と和風の建物が別々に建っているように見えますが、中でつながっていて両方カフェルームになっています。

　以前の店舗と同じく店主さんたちがこつこつ改装したそうで、広くなった空間には大きな本棚や薪ストーブ、ピアノが…。

　メニューは相変わらず、昼の野菜プレート（1500円）やハンバーグ（1350円）、夜はメンチカツ（1450円）など、非の打ち所がないぐらい美味しいごはんがいただけます。違うのは、食事の時間がランチタイム（14:00まで）とディナータイム（17:30～20:00）のみになったこと。仕込みが追いつかないそうで、間の時間帯はドリンクやスイーツが楽しめます。

　寺内町だけあって周りの環境ものんびりしており、お店を出た後も tayu-tau さんの余韻に浸れます。

席数が増えたにも関わらず、昼時は平日でも待ちが出ています。どこに座っても居心地がいいから、みんな長居するのかなあ。

住所：三重県津市大里窪田町 863-3
電話：059-253-7817
営業時間：11:30～21:00（L.O20:00）　禁煙
土日祝 11:30～17:00（L.O16:30）
定休日：火・水曜
アクセス：JR「一身田」からすぐ
駐車場：7台
http://tayu-tau.jp/

56 cafe イシオノ

津市

店の周りのノンビリ感たっぷりの
シチュエーションだけでもご飯一杯いける

三重県は伊勢湾寄りの国道 23 号線を中心にお店が集まっている傾向があって、僕が今住んでいる松阪市も伊勢湾寄りの方が「街」で、西に向かうと山ばかりでどんどん人が少ない地域になっていきます。

でも僕的には三重県は（北中部に限ると）ちょっと西の内陸に向かっていった方が「冒険してる」雰囲気が出てくるので好きです。

伊勢自動車道・久居 IC から西に 5km ほど離れたところにある「cafe イシオノ」さん。お店の周りのノンビリ感たっぷりのシチュエーションだけでもご飯1杯いけます（笑）。

特にランチタイムというものがなく、いつでも食事メニューを注文できるようになっているのが、ランチ難民化しやすい僕には嬉しい。何を頼んでもハズレがなく、全般的にメニューのレベルが高いなーと感じます。野菜もいいものを使われているっぽいですね。

キッシュと自家製パンのセット（1000円）、季節野菜のカレーセット（1000円）…どれを頼んでも綺麗だし美味しい。いつも僕はホットミルクティーを選んでしまう（笑）。

住所：三重県津市稲葉町 3-49
電話：059-252-2311
営業時間：11:00～17:00　禁煙
定休日：水曜
アクセス：伊勢道「久居」IC から 10 分
駐車場：共用 8 台
http://ishiono.exblog.jp/

57 cafe ナナクリ

津市

酵素玄米ランチに大満足
週末のみオープンする一軒家カフェ

一見すると普通の落ち着いた住宅ですが、週末のみ営業しているカフェです。

最寄りの久居 IC 方面から来ると、お店の看板がやや見えづらく、通りすぎてしまうかもしれません。それぐらい隠れ家的です。

店内は、和洋がうまく融合した落ち着きのある空間。静かに流れる曲が気持ちを落ち着かせてくれます。

お昼ごはんの酵素玄米プレート（1300円）は、酵素玄米おにぎりとおかず 4 品、サラダまたはスープ、甘いものとお茶が付きます。さっぱりしていますが、見た目以上のボリュームがあり、満足度高いです！

他には飲み物とおやつが。コーヒーは名古屋のパンダコーヒーロースターズさん、紅茶はムレスナティーを使用。お抹茶セットやマサラチャイ、ジンジャーエールなどもあります。

注文から少し時間がかかるかもしれませんが、そんなことはどうでもよくなる雰囲気の良さがあります。

ランチは売切れ次第終了なので、確実に食べたい方は予約を。お茶だけでも行く価値ありです。

住所：三重県津市庄田町 544
電話：059-202-5747
営業時間：土日の 11:30〜日暮れ頃　禁煙
ランチ 11:30〜売切れまで
定休日：月〜金曜
アクセス：伊勢道「久居」IC から 6 分
駐車場：7 台
http://nanakuri.web.fc2.com/

58 cafe noka

伊賀市

吟味された良い物だけが並ぶ
ギャラリー併設の静かなカフェ

ずっと行きたいなと思いながらも、三重県の中でもちょっと外れた地域にあって、名古屋からだとかなり遠くて、なかなか行けなかった「cafe noka」さん。実際に行ったら素晴らしくて感動しました。「ギャラリーやまほん」に併設されています。

スリッパに履き替えて上がると、店内には落ち着いた BGM がゆったりと流れています。メニューはスタンダードなものばかりですが、ひとつひとつ吟味された良い品を使ってしっかりしたものを提供されています。

ケーキはスフレチョコレート、レアチーズ、季節によって変わるものの3種類（各380円）。器がまた素敵です。

たとえば、スフレチョコレートケーキはとろけるような美味しさ。レアチーズケーキに合わせた紅茶（ヌワラエリア）は、芦屋のMUJICA TEAさんの茶葉。コーヒーは岐阜県のカフェフランドルさんの豆といった具合。どのメニューも素敵な器で出され、ギャラリーには購入できるものも。俗世から切り離されたような雰囲気でありながら、普通の人にもフレンドリーなお店です。

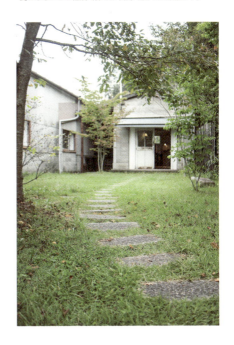

住所：三重県伊賀市丸柱1650
電話：0595-44-1911
営業時間：11:00～17:30（L.O17:00）喫煙可
定休日：火曜（祝日は営業）　臨休あり
アクセス：名阪国道「壬生野」ICから15分
駐車場：6台
http://www.gallery-yamahon.com/

59 cafe mjuk カフェミューク
名張市

旧街道の雰囲気にマッチした
古民家風カフェで昭和のホットケーキを

大阪のベッドタウンとして急速に発展した名張市に、旧初瀬街道の雰囲気にマッチした古民家風カフェがあります。「mjuk（ミューク）」とはスウェーデン語で「やさしい」「ホッとする」の意。古い町家を改装したのかと思いきや、町並みにあわせて新築したそうで全く違和感がありません。

初めて行った時はホットケーキ（480円）を頼んだのですが、テーブルに運ばれてきた瞬間ニンマリしてしまいました。これこれ！この見事なホットケーキぶり。最近は薄めに焼くパンケーキが主流で、厚みがあるホットケーキってなかなかお目にかかれないんですよね〜。

モーニング（400円）もありますが、開店から11時までと非常に短期戦（笑）。

ランチは11時から売り切れまで（800円・週替わり・数量限定）。お箸で食べられるヘルシーな定食メニューは身体によさそう。

地域性なのか全体的にお値段がリーズナブルで、お店の人も感じが良くて、店名通りホッとできます。

ランチ（下）を逃してもカレーやパスタがあるので大丈夫です。

住所：三重県名張市上八町1648
電話：0595-48-6669
営業時間：10:00〜18:00（L.O17:30）　禁煙
モーニング11:00まで　ランチ11:00〜売切れまで
定休日：水曜と第3木曜
アクセス：近鉄「名張」西出口から9分
駐車場：5台
http://cafe-mjuk.com/

60 cafe ひなぎく
松阪市

パンもスイーツも国産小麦で手作り
食器のセンスもいい北欧カフェ

近鉄松阪駅から徒歩12、3分ぐらい。白を基調としつつも、あたたかみがある店内はとても落ち着けます。窓に向かった一人席は、僕のための席ですね。その横では北欧の雑貨類が売られています。

ほわっとした、とてもかわいらしくて感じの良い店主さんが、パンもスイーツも手作りされています。パンは天然酵母と国産小麦を使用。単品でも頼めます。

ランチセット（950円～）は、パン（数種類から選択）＋サーモンのクリームスープ＋季節の野菜＋半熟ゆで卵＋ドリンク。食器類はイッタラやアラビアが使われています。イッタラは僕もお気に入りのメーカー。サーモンがゴロっと入ったスープがとっても美味しくて、あっという間にお皿が空になってしまいました。

バター焙煎コーヒーは、コクや苦味のバランスがとてもいい。米粉のシフォンやチーズケーキもオススメですが、個人的にはパンヌカック（フィンランドのパンケーキ）が一番好き。普通のパンケーキと硬めのプリンの中間的な食感です。

食パンを使ったメニューは、白パン・ライ麦パン・黒パンの中から選べます。紅茶系はポットで出されるのでまったりしてしまいます。

住所：三重県松阪市中央町613
電話：なし
営業時間：11:00～17:00　禁煙
定休日：月曜と木曜
アクセス：近鉄「松阪」から13分
駐車場：4台
http://cafe-hinagiku.com/

61 MOND CAFE

松阪市

・・・・・・・・・・・・・・・・・・・・・・・・・

松阪で最も行く店のひとつ
昭和の喫茶風レトロカフェ

名古屋のみなさんに「快速みえに乗って松阪まで来てちょー」って言いたくなる昭和の喫茶風カフェ。松阪駅からなんとか歩いて行ける圏内にあり、1階が駐車場、2階がお店になっています。

内部がちょっと変わった面白い造りになってまして。入口の左右で部屋が二つに分かれているのですが、ガラス窓が嵌めこまれているため、閉じつつも繋がっているような不思議な安心感に包まれます。フードやスイーツのレベルが高く、僕はパンケーキをよく注文します。

ランチはABCの3種類で、Aは日替わりプレート、Bはドライカレー、Cはロコモコ丼です（各880円・内容は時期によって多少変わります）。ドライカレーは大盛りで食べたいっ！

スイーツは日替わりで4〜5種類。何食べてもハズレないですよ、ここは。

アルコール類もあり、17時以降だとフライドポテトや唐揚げなどのおつまみ的なメニューも登場。

松阪や伊勢は軒数こそ少ないですが、カフェのレベルが相対的に高いです。

住所：三重県松阪市茶与町23-6
電話：0598-20-8773
営業時間：12:00〜21:00（金・土 22:00まで）
ランチ 12:00〜15:00　喫煙可
定休日：火曜と第1・3月曜
アクセス：JR「松阪」から16分
駐車場：12台
http://www.mondcafe.net/mc/top.html

仲のいい姉妹で営まれていて、飲み物に付くプチフールや、ケーキの皿にソースで描かれた模様など女子力にやられます。

スイーツが甘さ控えめで美味しい。ランチのデザートは、単品のケーキ類とは全く別でランチ専用に作っているそうです。

62 cafe ハナツムリ

玉城町

スイーツはどれもハズレなし
店主さんのセンスに癒される

店内の要所要所にいい感じに置いてある動物の置き物にいつも癒されます。「ハナツムリ」さんは、夕方5時までの昼カフェ。夜8時からは別の方がコーヒー店を開かれます（→次ページ）。同じ店舗なのに昼と夜で雰囲気がずいぶん違うんですよ。

ケーキはすべて店主さんの手作り（400円～）。いつも4種類ほど作られるようで、ある秋の日はベリーのクランブルタルト、チョコレートのケーキ、メープルのシフォンケーキ、柿のチーズケーキというラインナップでした。

ランチは、カレー、オムライス、ワンプレートランチの3種類（1000円～）。カレーはスープカレーに近く、そんなに辛くなくて美味。オムライスは、デミグラスソースとふわとろのたまごの組み合わせが最高！ここのランチはどれもおすすめです。

コーヒーはブレンド、カフェラテ、カプチーノなど。明るい店内は女性客が多めですが、男性一人でも比較的入りやすいですよ。

住所：三重県度会郡玉城町勝田5508-3
電話：0596-58-3870
営業時間：10:00～17:00　禁煙
ランチ 11:30～14:00
定休日：日曜
アクセス：伊勢道「玉城」ICから5分
駐車場：7台
https://www.facebook.com/cafe.hanatumuri/

63 trail coffee トレイル コーヒー

玉城町

20時から扉が開く
スペシャルティコーヒー専門店

遅めの時間帯にコーヒーを飲んで静かにゆっくり読書でも…という要望を満たしてくれるカフェは意外と少ないもの。

JR田丸駅近くの「trail coffee」さんは、そんな願いを叶えてくれるスペシャルティコーヒー専門店。開店はなんと20時から。店内は照明も落とし気味で、とても落ち着いた雰囲気。ちょっと女子系の内装だと思われるかもしれませんね。実はこちらのお店、昼間は「ハナツムリ」、夜は「trail coffee」として、まったく別の店主さんが営んでいるのです。

メニューはコーヒー中心（400円〜）で、ドリップコーヒーはペーパーかエアロプレスか抽出方法が選択できます。いいですねー、こういうこだわり。エスプレッソ系も充実。すごくキメが細かいカプチーノにカフェラテ…。コーヒーが飲めない方にはティープレッソ（カプチーノの紅茶版）、抹茶ラテなんかも。

ケーキはハナツムリの店主さんが作っていて、いつも安定の美味しさですよ。

スペシャルティコーヒーは世界に流通するうちの数％しかない高品質な豆。シングルオリジンの個性を楽しみましょう。

住所：三重県度会郡玉城町勝田5508-3
電話：0596-58-3870
営業時間：20:00〜24:00　禁煙
定休日：日曜
アクセス：伊勢道「玉城」ICから5分
駐車場：7台
https://www.facebook.com/trailcoffee/

64　quark+grenier クオーク+グルニエ

伊勢市

おいしくて居心地よくパンも買える
田んぼのそばにある僕の行きつけ

三重を代表する実力派カフェとして、最近は県外のイベントにもよく出店されています。ドーナツはテイクアウトも可。

コーヒーがおいしい、フードやスイーツもうまい。おまけに居心地がよくて、パンに珈琲豆、雑貨まで売っている「quark+grenier」さん。弱点が見あたらないですね。

お店は田んぼのすぐそば。太い道路からは目立ちにくい場所にありますが、店主さんが常にいろいろ進化させていて、それを楽しみに通っています。もう何回行ったか数えきれないほど。

現在は、手前の小屋がカフェスペースに。奥がパンやコーヒー、雑貨などの売り場になっています。

フードはカレーなど、その時々で変わる単品が 1〜2 種類（800 円〜）。僕が好きなレアチーズ系のケーキや季節のパフェもあります。ドーナツがおいしくて、コーヒーにとても合う！

そうそう、クリームソーダーはぜひ飲んでみてください。昔ながらの喫茶店で見かけるルックスですが、味のレベルがだいぶ上ですよ。

住所：三重県伊勢市上地町 696-2
電話：0596-29-1965
営業時間：12:00 〜 17:00（L.O16:30）　禁煙
パン・日用品の販売は 10:00 〜 17:00
定休日：木・金曜（イベント参加などで臨休があるため訪問前には Facebook などで要確認）
アクセス：JR「宮川」から 18 分
駐車場：6 台
http://www.cafequark.com/

65 カフェ simme しんめ
伊勢市

肉・乳製品・タマゴ一切不使用
民家をリノベしたヴィーガンカフェ

僕はほんの少しアレルギーがあって、カフェブログをやっている関係上、休日に甘いものを摂り過ぎてしまうと、時々手などに肌荒れが起きてしまいます。

そんなときに助けてもらうのが伊勢の「simme」さん。肉や魚、乳製品、タマゴを使わない料理やスイーツを提供しているヴィーガンカフェです。

もともとは夫婦岩で有名な二見の旅館街にあったのですが、2年ほど前に現在地へ移転。普通の民家を店主さん夫妻がうまくリノベーションされています。

客席は1階と2階に分かれていて、総席数は結構あるのですが、人気店なのでランチタイムは平日でも早めに行かないと確実に待つことになります。

メニューは大きく分けてベジ定食（1100円〜）、ベジ丼（800円）、ベジバーガー（500円〜）など。味・ボリュームともに満足でき、お腹いっぱいになれます。

生クリーム、バター、牛乳、タマゴ、ハチミツ不使用のヴィーガンスイーツはほっこり優しい味。テイクアウトも可。

simmeさんの料理は見た目からして満足度が高いです。健康にいいから食べるといった、やせ我慢感（笑）がありません。

住所：三重県伊勢市宮後3-9-22
電話：0596-65-7821
営業時間：11:30〜14:30（L.O）18:00〜20:30（L.O）禁煙
定休日：月・火曜（祝日は営業）
アクセス：近鉄「伊勢市」から11分
駐車場：10台
http://simme.jp/

66 珈琲 Jenico ジェニコ

伊勢市

焼き菓子を引き立てるブレンドコーヒー
月曜と木曜にはキッシュが登場

国道23号線を下りて少しだけ行った田んぼと住宅街の中にある「珈琲Jenico」さん。市街地から離れた場所にありますが、隠れた人気店です。

古道具や趣味のいい家具が置かれていて、それがいい味を出しています。雑貨類は販売もされています。

お菓子づくりが得意な店主さんが、それを味わってほしくて開いたカフェで、コーヒーはお菓子に合う味をと、多気町のロースターさんにここ用に焙煎してもらっています。ブレンドは浅煎りと深煎りの2種類（各400円）、どちらも僕好みの味です。飲み物は他に紅茶、抹茶オレ、リンゴジュースなどがあります。

ケーキは日替わりで数種類が、入口のショーケースの中に（400円〜）。焼き菓子は10〜12種類。自分用や手みやげに買って行く方も多いです。

ランチはありませんが、木曜と土曜のみキッシュが登場。絶妙な美味しさで結構ボリュームがあり、一切れで満足できますよ。

ケーキ屋さんで修業した店主さんの手作りスイーツはどれもしみじみ美味しいです。

住所：三重県伊勢市西豊浜町95-4
電話：0596-37-4077
営業時間：11:00〜17:00　禁煙
定休日：日・月曜
アクセス：近鉄「小俣」から13分
駐車場：8台
https://www.facebook.com/JiaBeiJenicoJeniko

67 shu cafe シュウカフェ

志摩市

テラス席で雨を眺めるのもたのし
図書館そばの落ち着けるカフェ

市立図書館の向かいにある「shu cafe」さんは、晴れた日の午後にゆっくり読書するのが似合います。1階が駐車場、2階部分がカフェになっていて、開業から10年以上経っているとは思えないほどきれいです。

入口の左手がカウンター席、右手がテーブル席。天井が高いので開放感があります。

面白いのがテラス席（左ページ下）。外の空気を感じつつ、お茶することができます。屋根付きなので少々雨が降っても大丈夫。ここのみ喫煙可になってます。

店主さんは物腰柔らかな男性で、店名は彼の名前に由来するそう。置いてある本や雑誌のチョイスがすごく僕好みで、趣味が近いのかも。

ドリンクメニューはコーヒー数種類とエスプレッソ系、バナナジュースやアップルジュース、ソーダ、ミルクティーなど。フードはピザやパスタがそれぞれ数種（各890円）。スイーツはチーズケーキやシフォンケーキという、カフェらしい基本のラインナップです（380円〜）。

メニューも、店内の雰囲気も、営業時間もいい意味で安定していて、ゆっくりのほほんと過ごせます。

住所：三重県志摩市阿児町神明1074-20
電話：0599-43-1235
営業時間：11:00〜20:00（L.O.19:00）
ランチ 11:00〜14:00　禁煙（テラス席のみ喫煙可）
定休日：火曜と第2・3水曜
アクセス：近鉄「鵜方」南口から11分
駐車場：15台
http://www.shucafe.net

68 カフェ・くろねこ

志摩市

のんびりドライブで出かけたい
ネコアイテムがいっぱいの可愛い一軒家

「伊勢志摩」とひとくくりにされますが、松阪在住の僕からすると伊勢はすぐに行けるけど、志摩は遠くへ行く感じ。少し気合を入れないと行けないのですが、実は松阪〜玉城〜南伊勢〜志摩というサニーロード・ルートを選ぶと、道が空いていてドライブには最適。こちらのカフェは、そんなふうにのんびり訪ねたいほのぼの系です。

外観は白壁で少しメルヘンな雰囲気を漂わせていますが、店内では男性客もしっかりくつろいでいます。人気の理由はやはり美味しいから。何を頼んでもハズレなしだと思います。

フルーツホットケーキ（850円※写真の生クリームとアイスクリーム付は＋200円）は、ふわふわでホットケーキとシフォンケーキの中間的な食感が◎。ランチタイムには「くろねこ定食」がありますが、その時間帯を過ぎても、和風あんかけオムライス（900円）、ブルーチーズとくるみのパスタ（1000円）など充実したフードメニューがあるので、損した気分になりません（笑）。

住所：三重県志摩市阿児町鵜方1091-1
電話：0599-43-8426
営業時間：11:00〜18:00　分煙（ランチタイムは禁煙）
ランチ 11:00〜14:00
定休日：木曜と第3金曜（祝日の場合変更あり）
アクセス：近鉄「鵜方」北口から11分
駐車場：10台
http://www10.plala.or.jp/kuroneco/

おはしで食べるくろねこ定食（1400円）は、ドリンクとデザート付きです（下2点）。リトルミイが可愛い。

カップやお皿は、店主さんが作家さんに頼んで作ってもらったものを使用。ケーキは自家製です。

69 CAFE めがね書房

大紀町

夜の雰囲気がとても落ち着ける
古民家ブックカフェ

松阪市よりさらに南、長閑な山里にある「CAFE めがね書房」さん。古い民家を借りて営業されているブックカフェで、あちこちに店主さんセレクトの本や雑誌が置いてあります。値札がついているものは購入もできます。

メニューは非常にシンプルで、ランチも単品フードもありません。本とコーヒーを楽しむお店です。

レジで最初に注文してから席につきます。コーヒーは奇をてらった味ではなく、安心して飲める僕好みのブレンドです（450円）。おかわりは 250円と少し安くなります。

名物はバクのサブレ（120円）。店内でも食べられますし、テイクアウトもOK。コーヒーのお供にうれしいチーズケーキやブラウニー（各 350円）もあります。

僕的にはハーブティーがかなりヒット。ご近所で栽培している方にわけてもらっているそうです。

店主さんは飲食業界の出身ではないのですが、色々なカフェを巡っておられ、その経験が随所に活かされています。

住所：三重県度会郡大紀町野原 576-2
電話：なし
営業時間：12:30〜22:00　禁煙（喫煙所あり）
定休日：水・木曜
アクセス：紀勢道「勢和多気」IC から 8 分
駐車場：10 台
http://cafemeganebooks.tumblr.com/

70 道瀬食堂 どうぜしょくどう
紀北町

民宿内の開放的なウッドデッキで
釜焼きピザやパスタランチを

三重県の中でも僕があまり行くことのない東紀州地域。この辺りは人口が圧倒的に少ないため、どうしてもお店も少ないんですが、その東紀州の入口にとてもワクワクするお店があります。

民宿の一部を間借りして営業している「道瀬食堂」さん。広いウッドデッキがメインの客席になっています。この半分外、半分室内という感じ、どうです、ワクワクしませんか？

メニューも心躍ります。ピザは玄関近くにある小屋の中で、一枚一枚窯焼きされます（780円〜）。もうひとつの名物・やきタマごはん（570円）は、野菜と肉がのった卵のせごはんをスキレットごと窯で焼いたもの。最近パスタランチも加わって、東紀州で水揚げされるシーフード系が人気とか。

「寄生獣」や「ブラックジャック」など、グッドなラインナップの漫画本が並んでいるわけは、店主さんに聞いてみてください。食堂から歩いていける距離に夜のお店「道瀬バル」もありますよ。

住所：三重県北牟婁郡紀北町道瀬83-2
電話：090-1472-0505
営業時間：11:00〜17:00（月曜のみ〜14:00）　禁煙
定休日：火・水曜
アクセス：紀勢道「紀伊長島」ICから15分
駐車場：10台以上
https://www.facebook.com/douzeshokudou

海が近くて、デッキ席でコーヒーを飲んでいると波の音が聞こえてきます。夏はかき氷で納涼のひとときを。

INDEX

	店名	所在地	電話番号	ページ
あ	あうら	愛知県北名古屋市	0568-24-4100	076
	aoiku_cafe	名古屋市名東区	052-618-6970	040
	あおくまカフェ	名古屋市中川区	052-462-1162	074
	Jota TAKAHASHI COFFEE	名古屋市天白区	052-838-8108	050
	ether	名古屋市名東区	052-777-3330	046
か	隠れ家ギャラリー えん	名古屋市南区	052-822-7088	034
	cafe イシオノ	三重県津市	059-252-2311	126
	カフェ・くろねこ	三重県志摩市	0599-43-8426	150
	CAFE SabuHiro	名古屋市名東区	052-704-0788	044
	カフェsimme	三重県伊勢市	0596-65-7821	144
	CAFE SNUG	三重県菰野町	059-393-2285	122
	cafe de SaRa	名古屋市西区	052-561-5557	012
	Cafe de Lyon	名古屋市西区	052-571-9571	008
	cafe ナナクリ	三重県津市	059-202-5747	128
	cafe noka	三重県伊賀市	0595-44-1911	130
	cafe ハナツムリ	三重県玉城町	0596-58-3870	138
	cafe バビュー	名古屋市東区	052-508-5615	016
	cafe ひなぎく	三重県松阪市	なし	134
	cafe mjuk	三重県名張市	0595-48-6669	132
	CAFE めがね書房	三重県大紀町	なし	152
	喫茶スロース	愛知県蒲郡市	080-3621-4497	106
	喫茶tayu-tau	三重県津市	059-253-7817	124
	喫茶hiraya	愛知県蒲郡市	非公開	104
	キリン珈琲	名古屋市名東区	052-781-6616	038

	店　名	所在地	電話番号	ページ
か	寄鷺館	名古屋市天白区	052-803-5252	060
	quark+grenier	三重県伊勢市	0596-29-1965	142
	Grand-Blue	名古屋市中川区	052-361-5576	024
	kedi başkan	愛知県常滑市	0569-89-9578	092
	紅茶の館　源	愛知県岡崎市	0564-53-3108	098
	紅茶日和	名古屋市名東区	052-777-6636	054
	珈琲Jenico	三重県伊勢市	0596-37-4077	146
	コクウ珈琲	岐阜県美濃加茂市	0574-49-9840	112
	コジマトペ	愛知県岡崎市	0564-24-5200	100
	小空カフェ	名古屋市守山区	052-736-9212	072
	konon	愛知県一宮市	0586-76-9898	078
	こんどう珈琲	愛知県東郷町	0561-38-5770	088
さ	See Saw gallery+hibit	名古屋市瑞穂区	052-833-5831	036
	JAZZ茶房 青猫	名古屋市名東区	052-776-5624	056
	shu cafe	三重県志摩市	0599-43-1235	148
	十二ヵ月	名古屋市中区	052-321-1717	022
	THREE LITTLE BIRDS CAFE	愛知県安城市	0566-99-7899	096
た	TEAS Liyn-an	愛知県尾張旭市	0561-53-8403	082
	道瀬食堂	三重県紀北町	090-1472-0505	154
	trail coffee	三重県玉城町	0596-58-3870	140
	3+	名古屋市東区	052-937-3223	018
な	波家	名古屋市天白区	052-838-6737	052
	nunc nusq	名古屋市昭和区	052-364-9292	014
	nest	三重県菰野町	059-396-1525	120

INDEX

	店名	所在地	電話番号	ページ
は	pas a pas	名古屋市西区	052-485-7558	010
	蓮庵	名古屋市緑区	052-877-8485	062
	華なり	岐阜県可児市	0574-62-7101	114
	Beans Heart	名古屋市中区	052-321-3339	020
	hidamari	愛知県幸田町	0564-62-2840	102
	presto coffee	名古屋市名東区	052-977-5331	042
	BERING PLANT	名古屋市熱田区	052-212-6926	026
	Voyage	愛知県半田市	0569-58-0041	094
	花蓮	岐阜県多治見市	0572-23-4003	110
	Honky-Tonk	岐阜県岐阜市	058-266-5515	108
ま	madam an	名古屋市昭和区	052-853-0369	030
	鞠奴パン食堂	名古屋市緑区	052-896-3399	066
	musico	名古屋市名東区	052-774-0266	048
	Mecco Cafe	愛知県江南市	0587-56-6835	080
	森の響	愛知県日進市	0561-73-8763	086
	MOND CAFE	三重県松阪市	0598-20-8773	136
や	薬草labo棘	名古屋市昭和区	052-880-7932	032
	遊眠堂CAFE&建築工房	名古屋市緑区	052-800-9025	064
	united bamboo	愛知県飛島村	0567-56-6300	084
ら	Litir	名古屋市昭和区	052-700-7710	028
	ROSE CORPORUSE	名古屋市守山区	052-792-3616	058
わ	和田珈琲店 季楽	愛知県東海市	052-601-5557	090

EINS

美味しさ+αにある先人の知恵

尾鷲はヒノキの生育に適した地であるとともに、海上交通の便が良かったことから、江戸時代、林業が奨励され、良質な尾鷲ヒノキが生産されました。山林で働く人々が増え、そうした人々の間で食器として使われていたのが、尾鷲の木材で作られた「わっぱ」でした。丁寧に作られ、本漆を幾重にも摺り重ねて作られる尾鷲わっぱは、とても丈夫で長持ちでした。だからこそ山で働く人たちだけでなく、熊野灘の荒々しい波の中で漁をする漁師たちも、尾鷲わっぱを愛用したと言います。

木の持つ調湿効果により、ご飯が冷めても美味しく、さらに傷みにくいのもその特徴。木とともに生き、木の性質を知り尽くした先人の知恵が詰まった、美味しさに+αを付け足してくれる食器と言えるでしょう。

アインズは地域の自然と歴史を大切に次世代へと伝えるため、印刷を通じて環境保全に貢献できるよう、用紙、インキ、印刷方法まで、環境に優しい+αのご提案をさせていただいています。

尾鷲わっぱ

アインズだからできる「環境ソリューション」

管理された森林材を利用した
FSC認証用紙

琵琶湖の環境を守る寄付金付
びわ湖環境ペーパー

植物成分の油を使用した
ベジタブルオイルインキ

CO₂の排出権付
水なし印刷
GREENeye

アインズ株式会社

名古屋営業所／愛知県名古屋市中村区黄金通2丁目50 RKCビル5階(〒453-0804)
　　　　　　TEL (052) 482-2700　FAX (052) 486-1314
本社・工場／滋賀県蒲生郡竜王町鏡 2291-3 (〒520-2573)
営業所／東京　大阪　京都　津　福井　大津　草津　守山　近江八幡　滋賀南　彦根
URL・http://www.shiga-web.or.jp/eins/

季刊ローカル誌「NAGI」を編み続けて16年。気になるカフェの情報を集めるうち、いつの頃からかレイガスさんのブログがよくヒットするようになった。過去のログを辿ると、取り上げている店が小誌に掲載したそれとかなり重なっている。
　知人を介して出会ったレイガスさんは、ブログの印象そのままだった。穏やかで腰が低く、競争よりも平和を好むスイーツ男子。でも、心の奥に秘めた哲学をお持ちなのが、話していると伝わってくる。
　一般的に人気のあるブログは、有名人が書いているか、話題性を狙ったものがほとんど。レイガスさんのように、新店情報をすぐにはアップせず、何度か通っていいところを見極めてから発信するスタイルは、速報性重視のウエブ界では希有と言っていい。その姿勢も小誌に近い。
・この本を手にした読者は、さっそく休日にカフェを巡りたくなるだろう。
　私もその一人だ。

坂　美幸（NAGI編集長）

東海カフェ散歩　2016年12月1日発行

著　者	レイガス
発行人	吉川和之
編集人	坂　美幸
レイアウト	rabbit house
イラスト	osatto
印　刷	アインズ株式会社
発行所	月兎舎
	〒516-0002　三重県伊勢市馬瀬町638-3
	TEL.0596-35-0556　FAX.0596-35-0566
	http://www.i-nagi.com

Ⓒ Getto-sha 2016 Printed in Japan　ISBN 978-4-907208-10-3
落丁・乱丁本はお取り替えいたします。本書掲載の文章・写真の無断複写・転載を禁じます。